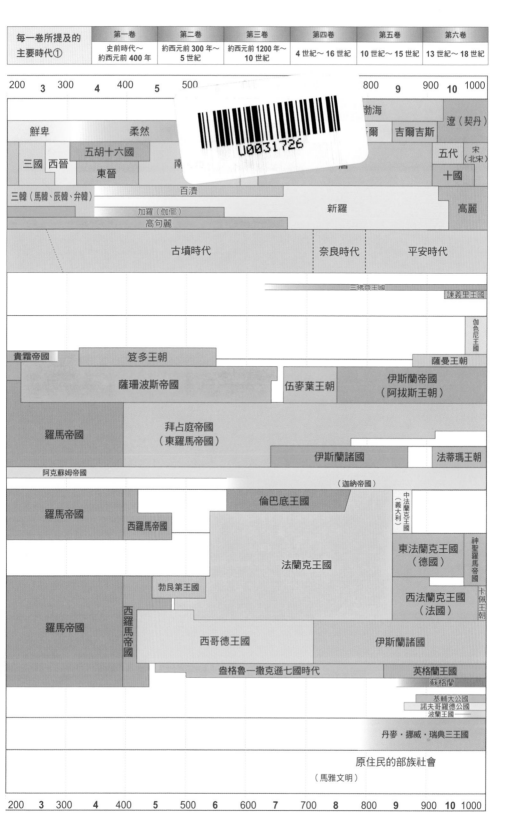

每一卷所提及的主要時代①	第一卷	第二卷	第三卷	第四卷	第五卷	第六卷
	史前時代～約西元前400年	約西元前300年～5世紀	約西元前1200年～10世紀	4世紀～16世紀	10世紀～15世紀	13世紀～18世紀

200　3　300　4　400　5　500　　　　　　　　800　9　900　10　1000

勃海

遼（契丹）

鮮卑　　柔然　　　　　　　　　爾　吉爾吉斯

五胡十六國　　　　　　　　　　　　　　　五代　宋（北宋）

三國　西晉　　　　　　　　　南　　　　　　　　　　　　十國

東晉

三韓（馬韓、辰韓、弁韓）　　百濟

加羅（伽倻）　　　　　　新羅　　　　　高麗

高句麗

古墳時代　　　　　奈良時代　　平安時代

三佛齊王國

諫義里王國

伽色尼王國

貴霜帝國　　笈多王朝　　　　　　　　　薩曼王朝

薩珊波斯帝國　　伍麥葉王朝　　伊斯蘭帝國（阿拔斯王朝）

羅馬帝國　　拜占庭帝國（東羅馬帝國）

伊斯蘭諸國　　法蒂瑪王朝

阿克蘇姆帝國　　　　　　　　（迦納帝國）

羅馬帝國　　　　　倫巴底王國　　中法蘭克王國（義大利）

西羅馬帝國　　　　　　　　　　東法蘭克王國（德國）　神聖羅馬帝國

法蘭克王國

勃艮第王國　　　　　　西法蘭克王國（法國）　卡佩王朝

羅馬帝國　西羅馬帝國　西哥德王國　　　伊斯蘭諸國

盎格魯－撒克遜七國時代　　英格蘭王國

蘇格蘭

基輔大公國

諾夫哥羅德公國

波蘭王國

丹麥・挪威・瑞典三王國

原住民的部族社會

（馬雅文明）

200　3　300　4　400　5　500　6　600　7　700　8　800　9　900　10　1000

第 ⑨ 卷提供協助的諸先進

監修
早稻田大學文學學術院 教授
早稻田大學埃及學研究所 所長
近藤二郎

漫畫
小坂伊吹

裝訂、內文設計
修水

解說插畫
Plough21

提供照片、資料及協助（全系列）
山田智基・PPS通信社／amanaimages／時事通信社／時事通信PHOTO／
每日新聞社／AFP／EPA／Bridgeman Images／C.P.C.Photo／學研資料課

主要參考資料等
世界歷史（中央公論新社）／圖像版 世界歷史（白揚社）／圖說 世界歷史（創
元社）／詳說 世界史研究／世界史用語集／世界史人名辭典／詳說 世界史圖
錄（以上為山川出版社）／PUTZGER歷史地圖（帝國書院）／角川 世界史辭
典（角川書店）／世界史年表・地圖（吉川弘文館）／Queen Victoria's Army
In Color（Schiffer Publishing） 其他不及備載

編輯協助
治田武士／山上至人

解說編輯協助及設計
Plough21

校閱・校正
聚珍社

編輯人員（學研PLUS）
小泉隆義／高橋敏廣／渡邊雅典／牧野嘉文

:: 監修
早稻田大學文學學術院 教授
早稻田大學埃及學研究所 所長
近藤二郎

:: 漫畫
小坂伊吹

:: 翻譯
許郁文

:: 審訂
成功大學歷史學系 專任教授
翁嘉聲

NEW

全彩漫畫

世界歷史

World History

9

列強的世界殖民與
亞洲的民族運動

本書注意事項

◇ 「時代總結」中的各符號代表意義：🏛→世界遺產、📖→重要詞句、🗿→重要人物、🏺→美術品、遺跡。

◇ 「時代總結」中的重要詞句以粗體字標示，附解說的重要詞句以藍色粗體字標示。

◇ 同一語詞若出現在兩處以上，將依需要標注參考頁碼。

◇ 年代皆為西元年。西元前有時僅標記為「前」。11世紀以後的年代除了第一次出現外，有時會以末尾兩位數標示。

◇ 人物除了生卒年之外，若是王、皇帝或總統，會標記在位（在任）期間，標記方式為「在位或在任期間○○～○○」。

◇ 國家或地區名稱略語整理如下：

英：英國／法：法國／德：德國／義：義大利／西：西班牙／奧：奧地利／荷：荷蘭
普：普魯士／俄：俄羅斯／蘇：蘇聯／美：美利堅合眾國／加：加拿大／土：土耳其
澳：澳洲／印：印度／中：中國／韓：韓國（大韓民國）／朝：朝鮮／日：日本／歐：歐洲

給家長的話

本書中的漫畫部分雖盡量忠於史實，但有些對話、服裝與背景已無佐證資料，因此在編劇與描繪上以吸引孩子的興趣為主要考量。漫畫中提及的典故、年號或名稱經常有不同說法，本書盡可能採用一般人較熟悉的說法。若有艱澀難懂的詞句，會在欄外加入解說。值得注意的是，有些詞句或表現方式在現代人眼中帶有歧視意味，但為了正確傳達當時社會狀況，將依情況需要予以保留。

*2 加冕儀式：皇帝或國王以君主之姿接受冠冕與即位的傳統公開儀式。維多利亞於西元1837年登基，隔年才在倫敦西敏寺舉辦加冕典禮。

西元1838年6月28日，英國舉行了新國王的加冕儀式*2。

十九歲的年輕女王就此誕生。

之後，英國不斷在世界各地擴大殖民地，進入號稱世界領土最大的「大英帝國」時代。

統治大英帝國全盛時期的就是維多利亞女王。

5

另外，

告訴鴉片煙毒犯，若無法在一年緩刑期間內戒掉鴉片，

就會被處以死刑！

這時期，毒品之一的鴉片在清朝蔓延，成為一大問題。

清朝雖然禁止進口和吸食鴉片，但街頭巷尾充斥著煙館*4，鴉片造成的毒害甚至使國家財政陷入困境。

當時走私最多鴉片到清朝的國家就是英國。

要杜絕鴉片只能對吸食者處以死刑……

對支持放寬鴉片禁令的人來說，這是很極端的做法。

小知識

相對於杜紹鴉片的「嚴禁論」，與廣州貿易商勾結的官員們則提倡開放鴉片進口，並加以管理的「弛禁論」。道光帝命令全國各地總督提出支持哪一項解決方案。

這封奏摺*1是誰寫的？

林則徐……

湖廣總督林則徐。

清朝第八代皇帝
道光帝*2

西元1838年11月
武昌
湖廣總督的衙門

魏源*3

林總督，聽說陛下命令您赴京的聖旨來了。

魏源兄，

快請進。

8

*4 欽差大臣：奉皇帝之命進行特別任務而臨時任命的大臣。欽差大臣的命令如同皇帝的命令。

總算等到林總督被任命為欽差大臣*4的這一天，光是聽到您為了杜絕鴉片準備起程前往廣東*5，就讓我興奮地睡不著覺。

您打算接受吧？

誥命*6還沒有下來。

一定沒問題的。

不知道陛下的聖心怎麼想，

但我堅信，只有杜絕鴉片，才能拯救這個國家。

同年12月，林則徐為了撲滅鴉片，奉命就任欽差大臣一職，前往廣東。

*5 廣東：位於中國南部的廣東省，面臨南海，境內的廣州是一處港灣城市，也是與歐美進行貿易的窗口。　*6 誥命：皇帝賜爵或授官的詔令。

西元1839年4月
廣東省 廣州

當時開放與歐洲貿易的港口，只有廣東省的廣州，所以鴉片走私多在此處進行。

清朝因為傳統中華思想，不願與外國進行平等交易。

所謂「中華思想」，是區分以中國皇帝為世界中心的「中華」，以及周邊各國是野蠻的「夷狄」的思想。

因此，被中國皇帝視為臣子的「封國」必須進貢；相對的，中國會賜予龐大的禮品作為回饋，這就是「朝貢貿易」。

北狄

西戎

天子
（皇帝）

東夷

南蠻

與歐洲的貿易也被視為是朝貢貿易的一種。

清朝與江戶時代的日本保持熱絡的貿易關係，但因日本的態度沒有臣服於清朝皇帝，所以不是採取朝貢貿易的形式，而是由中國商人自行前往日本長崎進行交易。

*4 鄧廷楨（西元1776～1846年）：清朝官員。以兩廣總督的身分幫助林則徐。

我國商人被搶走的鴉片全被銷毀了！

損失嚴重啊！

廣東夷館*1就是陸上的孤島。

無法避免糧食補給斷絕的問題。

這也無可奈何。

英國駐華商務總監
查理‧義律

雖然知道清朝官員因為接受賄賂而默認一切，

但林則徐這個人不一樣。

銷毀大量鴉片的消息立刻傳到皇帝耳中。

真不愧是林則徐！

朕*2沒有看走眼！

小知識

查理‧義律（西元1801～75年）是英國外交官。從海軍退伍後，進入外交部服務，以商務總監的身分監督與清朝的貿易。雖然是實質的總領事（駐守外國的外交官之一），但因清朝不與外國人直接交涉，所以沒有稱他為總領事。

同年8月
英國

清朝說，如果不提出「今後永遠不走私鴉片」的切結書，準備與我們斷絕貿易。

如果不滿意現在的貿易體制，就沒辦法達成共識。

英國外交大臣
帕默斯頓*3

內閣的共識是決定以武力迫使清朝簽訂平等的貿易條約。

陛下……

如果英國人不了解紅茶的魅力，

這種事就不會發生了。

不過，我也很喜歡加了白蘭地的紅茶。

英國想擴大與清朝鴉片貿易的一大理由，就是因為「喝茶」習慣已經普及。

小知識

一般認為，茶的原產地在中國雲南省與四川省一帶，所以中國早在西元前就已有喝茶的習慣。茶葉的種類很多，其中包含未經氧化發酵的綠茶、稍微發酵的烏龍茶，以及完全發酵的紅茶。

13

西元19世紀後，喝茶習慣從英國的上流社會普及至勞工階級。

茶葉成為生活必需品之後，進口量逐年增加，但英國沒有商品能輸出至清朝，只能以白銀支付。

＊1 乾隆帝：中國清朝第六代皇帝（在位期間西元1735～95年）。一手建立清朝的繁榮時代。

因此，英國利用殖民地印度的孟加拉地區大量生產鴉片，換回外流的白銀。等到清朝的鴉片進口量超過茶葉的出口量，就輪到清朝的白銀大量流出。

白銀外流代表白銀的價值會上漲，以白銀支付稅金的人民，負擔就會更加沉重。

一兩銀子居然等於二千文錢，乾隆帝＊1的時候才相當七百文錢。

叫下期的《廣州紀事報》＊2翻譯加快腳步。

我去問問進度。

需要更多敵人的情報啊！

大臣，
事態不妙！

蠻夷的船向九龍*3
海灘發射大炮！

西元1839年9月，
清朝與英國之間的武
力衝突還是發生了。

查理‧義律拒絕簽署停
止鴉片貿易切結書，並
強迫英國商人站在同一
陣線，

所以若有英國商
船想私自上岸，
就會遭到攻擊。

包括穿鼻海戰*4在內的
大小衝突，不時爆發。

快報告炮臺的
損害情況！

士兵傷亡人
數快報上來！

快確認禁止進
入的鎖鏈有沒
有受損！

15

西元1840年1月英國基於查理・義律的請求，議會準備向清朝派遣艦隊。

被清朝強奪的鴉片是英國國民的財產！

為了維護「和平與正義」，我國應該以武力鎮壓這種行為！

清朝人遵守當地法律是理所當然的。

您是說走私鴉片到清朝這種非法貿易，我們沒有權力阻止嗎？

外交大臣豈能維護這種不名譽的貿易！

掀起這種不仁不義的戰爭，只會讓我國蒙羞！

當時進行反對演講的格萊斯頓*2，日後成為四度擔任英國首相的政治家。

不過他的演講沒有達到目的，議會以九票之差決定派遣艦隊。

*2 格萊斯頓（西元1809～98年）：英國政治家。曾以自由黨黨魁的身分四度擔任首相，推動自由主義的改革。

17

林大臣，

真是遺憾。

林則徐上奏皇帝，希望繼續作戰，但皇帝充耳不聞。

到目前為止的一切努力都化為泡影了……

身為欽差大臣與英國議和的琦善，因為《穿鼻草約》內容包含割讓*香港而觸怒道光帝，最終也被罷黜。

道光帝之後不願簽約，英國於是再度展開攻擊。

*割讓：將國家部分領土讓給他國的意思。

英國以壓倒性的軍力占領中國各地，

使清朝不得不同意簽訂《南京條約》。

西元1842年8月——
清朝簽訂《南京條約》後，被迫開放新的港口，允許自由貿易，並支付了大筆賠款與割讓香港。

魏源兄，這給你。

這是？

與夷人有關的資料，相信對魏源兄有所幫助。

林大臣……

告辭。

魏源日後根據這些資料編寫了《海國圖志》。

我已經不是欽差大臣了。

*2 佐久間象山（西元1811～64年）：日本江戶幕府末期的學者、思想家。

*3 新疆：現今中國西部的新疆維吾爾自治區。此處自清朝開始受到統治，新疆有「新領土」的意思。

據說《海國圖志》傳入日本後，影響了吉田松陰*1與佐久間象山*2等江戶幕府末期的思想家。

海國圖志

林則徐則因鴉片問題處理不當而被流放至新疆*3。

鴉片終究沒有杜絕。

22

反觀英國——

維多利亞,聽說香港要割讓給我們了。

是嗎?

真是好消息。

維多利亞的丈夫亞伯特*4親王

維多利亞女王與德意志王子亞伯特結婚,生下長女。

從今天開始叫這孩子「香港大公主」好了。

這樣好嗎?呵呵。

我是認真的。

女王陛下的命令怎麼能違背?

之後清朝不斷受到歐美各國的侵略,

據說這是因為在鴉片戰爭後,全世界都知道清朝國力衰弱。

*4 亞伯特(西元1819~61年):德意志薩克森・科堡・哥達王子,維多利亞女王的表弟和丈夫。夫妻兩人育有四男五女。長女(維多利亞)暱稱維琪。

23

從那之後，我就創立「拜上帝會」，宣揚天父的教誨，

因此結交許多同志。

清朝強迫百姓必須綁辮子（把前面的頭髮剃掉，將後腦的頭髮編成辮子的髮型），但太平天國的成員不理會這項規定，被清朝稱為「長毛賊」。

對你們來說，這件事很枯燥、很無聊吧！

絕對沒有這種事！

之所以重提這件事，

是想讓大家知道我的心意已決。

從今天開始，「拜上帝會」將改名為

「太平天國」，

為了推翻妖魔清朝，我將賭上身家性命作戰。

遵命。

根據基督教《聖經》翻譯而來的《勸世良言》，相信自己是聖子的洪秀全，在西元1850年率領「拜上帝會」的信徒起兵造反。

隔年，更名為「太平天國」，正式成為與清朝對抗的革命軍。

這場起義史稱「太平天國之亂」。

太平天國軍平均分配從地主或富商手中沒收的戰利品和糧食，連占領地區的人們都能分到，所以因鴉片戰爭而為增稅所苦的民眾陸續加入太平天國的行列。

南京被改稱為「天京」，成為太平天國的首都。

我們總算建立了太平天國的首都，

非常感謝大家勇敢與妖魔作戰。

不過，絕對不能忘記南王與西王戰亡這件事。

馮雲山（南王）

蕭朝貴（西王）

東王。

天王，是「天父下凡」！

昏倒

搖晃…

天王……
洪秀全……

你沒事吧？

沒事、
沒事。

天王。

「天父下凡」指天父（上帝）借東王楊秀清身體降臨下界的現象，是從「拜上帝會」延續的慣例。

上帝的指示，請您務必謹記在心。

我從沒忘記。

「天父下凡」的教誨是至高無上的，連洪秀全都必須遵守。

隨著東王的發言權高漲，太平天國內部的權力結構開始扭曲。

最後演變成「天京之變」的悲劇。

除了東王之外，有必要連家臣都殺嗎？

他們可是和我們一起作戰至今的兄弟啊！

天王，

若不嚴厲處罰這兩個人，我絕不會再一起作戰！

石達開
（翼王）

翼王！

為了留住受百姓歡迎的翼王，北王和燕王被處死。

但回歸的翼王被洪秀全冷落，於是他再次離開天京。

失去盡力建國至今的五個王，對太平天國是一大打擊。

34

西元1857年2月
英國

咿ㄚㄚㄚ

遵命，
女王陛下。

*1 朝聖的石頭：原為德文的「pilgerstein」，是帕默斯頓的德語外號。

帕默斯頓首相認為應該利用亞羅號事件*2向清朝宣戰。

「朝聖的石頭*1」子爵不惜解散下議院，也要與清朝一戰。

亞伯特，帕默斯頓本人不太喜歡這個綽號。

不過，就現在的條約來說，英國人民很難在清朝安全且自由地進行交易。

西元1856年10月，一艘名為亞羅號的船在廣東接受清朝海軍調查，十二名船員遭到逮捕。

首相認為，清朝此刻正為太平天國的叛軍頭痛，正是發動戰爭的絕佳時機。

英國認為亞羅號是英國船隻，取締是違反條約，所以向廣州開炮。

*2 亞羅號事件：亞羅號是鴉片走私船，英國船舶的註冊也已過期，事實上清朝並未違反條約，只是取締私煙，卻被英國當成挑起戰爭的藉口。

我聽說太平天國是基督教徒的集團。

那些只是自稱聖子、基督之弟的男人為了稱王的藉口，稱不上是基督教徒。

如果幫助清朝鎮壓他們，清朝應該比較願意接受我們的條件。

謀略比帕默斯頓首相更勝一籌。

不愧是女王陛下。

我的工作就是守護這個國家的利益，

當然不能輸給「朝聖的石頭」。

這一年，英國為與清朝作戰，派出遠征軍。

《天津條約》迫使清朝接受外國使節長駐於北京，且必須支付英法兩國賠款，同時開放外國人在清朝國內自由行動。此外，必須允許基督教傳教、商船得以在中國內陸河川航行，並調降關稅，以及公開允許鴉片貿易。

法國也參與了*1亞羅號戰爭*2。攻陷廣州的英法聯軍北上要求正式會談，在大沽入港。

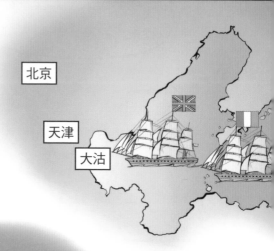

北京

天津

大沽

英法艦隊炮擊後占領了大沽炮臺，向天津步步進逼，清朝只好不情願地與英法兩國簽訂《天津條約》。

然而，就在清朝拒絕批准條約*3後，英法再啟戰端，甚至侵略北京。清朝的行宮圓明園被占領，許多財寶被英法兩國掠奪。最後清朝只能簽訂《北京條約》，接受極不平等的條件。

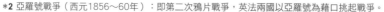

*2 亞羅號戰爭（西元1856～60年）：即第二次鴉片戰爭，英法兩國以亞羅號為藉口挑起戰爭。
*3 批准條約：由兩國代表簽訂的條約，必須由各自的政府同意與承認。

西元1862年
1月

不過，這還不足以
彌補安慶*5被奪的
恥辱。

忠王奪回杭
州*4，辛苦了。

是。

李秀成
（忠王）

由於「天京之變」而勢力
減弱的太平天國，因為新
領導者的努力重振士氣。

我認為，
應該再次攻
打上海。

這次恐怕得攻擊
洋兄弟*6了。

圓明園是西元1709年，康熙帝為了皇子（後繼的雍正帝）所建，之後歷代皇帝不斷擴建，卻在亞羅號戰爭中毀於一旦。

嗯，這是必要
之惡。

到目前為止，我們
一直很尊敬同為上
帝信徒的他們，

但是他們闖進
該由我們統治
的土地……

遵命！

如果再繼續對抗我們，就殺無赦。

在此之前，太平天國抱持不侵擾西歐各國居住地的態度，但西歐各國因為《北京條約》與清朝站在同一陣線後，太平天國便與西歐各國互相對立。

*3 李鴻章（西元1823~1901年）：安徽省出身，受曾國藩之命組織淮軍，對平定太平天國之亂有功。

*2 江蘇巡撫：巡撫是奉皇帝之命，派任各省的地方長官。江蘇省位於中國東部長江河口地區。

*1 指美國人白齊文，因搶劫軍隊薪餉被撤除司令官一職。

西元1863年3月 上海

前任的美國人*1為了搶奪黃金陣前倒戈，投向太平軍。

這次西洋部隊的司令官好像是英國人。

如果又是這種貨色，我們淮軍就得孤軍作戰了。

希望是個像樣的人才。

江蘇巡撫*2 李鴻章*3

李鴻章得到曾國藩的提拔，得以組織新的義勇軍淮軍，締造不少功勞。

40

這條水路可以防守，也能進攻。

戈登將軍，這是李鴻章大帥*4。

嗨！

你好，我是戈登*5。

伸手

*4 大帥：清軍的司令官。

這是常勝軍*6的新司令官，戈登將軍。

李大帥，

晃晃晃

*5 戈登（西元1833~85年）：全名為查理・戈登。英國軍人，常勝軍司令官。為了維護母國權益，之後趕赴非洲作戰（見126頁）。

*6 常勝軍：為了對抗太平天國軍，歐美司令官與中國士兵組成的傭兵部隊。

我一年就能鎮壓太平天國軍。

他說一年就能平亂。

咦？

傭兵部隊「常勝軍」新任司令官戈登所言不假，與李鴻章的淮軍並肩作戰，將太平天國軍逼得走投無路。

曾國藩率領的湘軍、李鴻章率領的淮軍、戈登的常勝軍等西式部隊，陸續攻陷太平天國要地，最後兵臨天京城下。

西元1863年12月

陛下，天京守不住了，請立刻棄守天京！

別說喪氣話！

剩下的糧食不多，現在應該暫時棄守天京，以求日後捲土重來。

想離開天京的人就離開，我不想聽你們的意見。

43

活躍於日本江戶幕府末期的長州藩士高杉晉作，曾在西元1862年與德川幕府派至上海的使節同行，因此留下描述清軍與太平天國的戰爭，以及中國被歐美殖民情況的《遊清五錄》。西元1853年，美國東印度艦隊司令官馬修‧培理率船打開鎖國時期的日本門戶，顯示歐美各國對亞洲的侵略與殖民危機迫在眉睫。

李秀成在天京陷落後，被處死的命運等著他。

結果，忠王雖然接手防衛天京，天京陷落卻是遲早的事。

就在天京被團團包圍的西元1864年5月，洪秀全病倒了。

忠王……

呼

呼

呼

朕快要……升天了……

我會帶天兵來……守護天京……

陛下……

西元1864年6月1日，洪秀全病故。

據說是因為糧食不足，不斷食用「甜露」這種野草所致。

剩下的一萬殘兵雖然不斷奮戰，天京終究陷落。在各地頑強抵抗的太平天國軍也被鎮壓，這場叛亂總算平息。

從洪秀全創立拜上帝會後約二十年，

太平天國為後世留下許多英雄事蹟和故事後，退出歷史舞臺。

與戈登的常勝軍一同對抗太平天國軍的李鴻章，深刻體會到歐洲壓倒性的軍力，於是推動「洋務運動」，積極學習歐洲科學技術，發展軍事工業，以達富國強兵，加強清朝國力的目的。

*1 錫克王國：印度教與伊斯蘭融合後發展出的錫克教王國。由與蒙兀兒帝國對立的錫克教徒在西元1799年建立於旁遮普地區。

西元1854年
英國

習慣英國的
氣候嗎？

這裡比印度冷，
能適應嗎？

可以。

我很喜歡這個
國家的氣候，

希望能有更多
印度人來這裡。

能與這麼俊俏的印度
君主會面，女王非常
開心吧！

維多利亞
女王（35歲）

印度‧錫克王國*1君主
達利普‧辛格*2（16歲）

哎呀！亞伯特
你真是的。

*2 達利普‧辛格（西元1838～93年）：西元1843～49年為錫克王國的君主，之後改信基督教，定居英國。

你的英語說得真好。

我也是，能與美麗的女王陛下會面，實在榮幸之至。

達利普・辛格是印度旁遮普地區一大勢力的錫克王國最後一位君主。

錫克王國

西元1849年，英國在第二次英國錫克戰爭*3中獲勝，占領了錫克的領土。

＊3 第二次英國錫克戰爭：英國與錫克王國在西元1845～46年及1848～49年兩度交戰。

英屬東印度公司直接管轄的地區

受英國保護的土邦

此後，印度大部分土地由英屬東印度公司直接管轄，或與英國訂立軍事保護條約，成為附屬英國的土邦*4。

英國對印度的殖民在此時大功告成。

土邦：在英國統治下，由印度皇族管理的國家。擁有軍事和外交之外的自治權。

這到底怎麼回事？

蒙兀兒帝國*3末代皇帝巴哈杜爾·沙二世*4

皇帝陛下，英國宮廷守衛隊長道格拉斯上尉和佛雷澤政務官都被殺害的報告傳來了。

蒙兀兒帝國全盛時期的疆域

蒙兀兒帝國曾統治印度大部分土地，但此時國力衰退，必須接受英國的保護，而皇帝只能向英國領取年金，勉強維持皇室的生活。

•德里

孟買

阿拉伯海

孟加拉灣

*3 蒙兀兒帝國（西元1526～1858年）：由帖木兒的子孫巴卑爾所建立的伊斯蘭國家。巴卑爾是蒙古人的後代，其他國家因此以蒙古的波斯語「蒙兀兒」稱呼他所建立的帝國。

密拉特*5一帶好像爆發印度土兵*6叛亂，他們正在德里集結。

皇帝的御醫哈基姆

我去看看！

皇帝陛下！

這是英國企圖觸發宗教禁忌*3的詭計，是不可饒恕的背信行為。

我們應該為了信仰挺身作戰，

請允許我們與英國作戰。

朕如今只能向英國領取年金餬口，

既無軍隊和軍火，更沒有財產，怎麼作戰呢？

這些我們會想辦法籌措。

請下達指示，

皇帝陛下。

您是我們的榮光，

皇帝陛下！

您是我們的榮光，

皇帝陛下！

您是我們的榮光，

皇帝陛下！

*3 禁忌：指觸犯宗教或道德的行為。印度教認為牛是神的座騎，是神聖的動物；伊斯蘭則認為豬是不潔（汙穢）的動物。

51

我知道了。

我就以蒙兀兒帝國皇帝的身分指揮這場革命。

我們這條命就獻給陛下。

西元1857年5月11日俗稱「印度士兵」的東印度公司印度傭兵起兵造反。這是一場日後稱為「印度大叛亂*1」的民族反抗運動。

在象徵印度統一的蒙兀兒皇帝率領之下，叛亂之火延燒至印度各地。

6月4日
坎普爾*2

駐紮在坎普爾的印度士兵總算跟著起義*3。

是嗎？

*1 印度大叛亂：這是英國對這場反抗運動的稱呼，印度則稱為「第一次印度獨立戰爭」。　*2 坎普爾：印度北部的城市，因棉花產業繁榮。　*3 起義：一群人為了反抗而發動的武裝暴動或叛亂行動。

別讓印度土兵往德里集結。

與其讓他們去德里，不如讓他們占領坎普爾。

英國軍隊已經在坎普爾的駐紮地避難。

知道了。

那就寫信通知惠勒將軍*5。

馬拉地聯盟 宰相*4的後裔
那那‧薩希布

*5 惠勒將軍：英屬東印度公司的將軍。

告訴他「馬拉地聯盟宰相聲援蒙兀兒帝國皇帝，

將與坎普爾的叛軍一同展開攻擊」。

馬拉地聯盟是以馬拉地帝國宰相為中心，聯合印度教諸侯的聯合體。過去曾以凌駕蒙兀兒帝國的氣勢自豪，如今在英國的保護下，宰相已失去實權。

全盛時期約西元1760年

馬拉地聯盟

在那那‧薩希布指揮的包圍戰之下，有許多英國人被虐殺，史稱「坎普爾大虐殺」。

53

叛亂爆發後的5至6月，由那那‧薩希布等強而有力的指導者帶領的起義在印度各地出現。

勒克瑙一帶擁立舊阿瓦德王國*1的王子，出現了以宗教對立的立場，遊說非基督教徒來對基督教徒掀起聖戰的艾哈邁德拉*2。

密拉特

德里

勒克瑙

坎普爾

叛亂地區

占西

不過，其中最有名的就是同屬馬拉地聯盟的占西王國王妃拉克希米‧巴伊，

這位親自騎馬上陣，指揮叛軍作戰的美麗王妃被譽為「印度的聖女貞德」。

這場叛亂除了印度土兵之外，農民也加入戰場，形成更大的叛亂。

拉克希米‧巴伊（西元?～1858年）在占西城陷落後，雖以瓜廖爾土邦皇室的城堡為據點，但在英軍全面攻擊下依然戰亡。曾與她對戰的英軍非常讚賞她的勇敢和能力。

54

六月底
英國

是新採用的恩菲爾德火槍彈藥包使用了牛油與豬油的謠言大肆流傳的緣故。

英國首相
帕默斯頓

印度士兵到底為什麼叛亂？

謠言？

是事實吧！

關於這件事，陛下的指示是……

現在暫時不追究責任，

先以鎮壓叛亂為首要任務。

工業革命後，英國從印度輸入棉花作為原料，再將工廠大量生產的棉製品輸出印度。這讓印度傳統棉花產業衰退，上至領主、地主，下至農民的印度人都對英國的統治感到苦不堪言。

55

只要有足夠的士兵與優秀的指揮官，我國應該可以立刻占上風。

與其讓軍力分散各地，不如集中在加爾各答*1，才能整合指揮系統。

*1 加爾各答：現今印度東部、西孟加拉邦首府。西元1690年，英屬東印度公司開始開發加爾各答，西元1757至1911年，這裡都是英國統治印度的主要城市。

陛下，

我已經召集援軍，

過不了多久應該就會傳來平定的消息。

你所謂的援軍包括在清朝的部隊吧？

你這般發言是清楚他們趕赴印度需要多少時間嗎？

當、當然清楚。

此時的英國也為了與清朝之間的亞羅號戰爭*2派出軍隊。

*2 亞羅號戰爭：見38頁。

巴雷利*1的
巴克德‧汗
將軍*2駕到。

帶領印度士兵經驗豐
富的巴克德‧汗在他
的任職地起義，

並在前往德里的途中
與叛軍會師，成為一
支龐大的軍隊。

我聽說資金不足，
帶來了這些。

請任意使用。

除了援軍，
還有資金，

真是幫了大忙。

不過，我有件
事想商量……

如此一來，我們一定能得到勝利。

我絕不認同這件事。

在巴克德‧汗的指揮下，叛軍重振士氣。

不過，內部卻因為主導權之爭產生分裂。

西元1857年9月

THE ILLUSTRATED ‧‧‧ NEWS

軍官八十八人、貴族婦孺七十人、其他婦孺一百二十人、居民四百人被殺害，

只有女性頭髮和寒酸的衣服留在血跡斑斑的院子裡。

在坎普爾發生的悲劇教人難以想像……

勒克瑙還有守在官邸等待救援的人，

為數稀少的援軍發揮不了任何作用。

小知識

印度大叛亂之後，東印度公司對印度的統治權被迫移交到維多利亞女王手中，印度帝國也於西元1877年成立。英國強迫印度農民種植罌粟（鴉片的原料）、棉花、茶葉等經濟作物。

還不是殿下仍自稱總司令官才造成如此混亂。

難道你不知道士兵對你也不滿嗎？

我才不承認你是總司令官！

我是皇帝親自任命的！

在援軍馳援英軍、重新恢復戰力後，因為內部糾紛而四分五裂的叛亂便結束了。

西元1857年9月，英軍攻陷德里。

各地的叛亂也在西元1859年全數鎮壓。

小知識

叛亂平息後，英軍對印度各地實施徹底的報復，除了放火燒掉曾援助叛軍的小鎮與村莊，也將逃出來的村民不分老幼全數殺光，可謂人間煉獄。

西元1857年11月
英國

我與帕默斯頓首相商量過，藉由這次事件放棄透過東印度公司統治印度。

我也有同感，應該由政府直接統治。

所以我想設立賜給印度貴族的勳章，

名字叫做「印度之星*」。

這樣能加深印度與英國之間的羈絆。

維多利亞，

總有一天你會正式成為印度「女皇」，

一定會的。

英國一般都稱「女王」。

但是「女皇」的地位更高。

這稱號再適合你不過了。

亞伯特！

之後，殖民地印度就由英國政府直接統治。

二十年後，維多利亞女王正式冠上「印度女皇」的稱號。

西元1862年
仰光

德里淪陷後，遭到逮捕的皇帝巴哈杜爾·沙二世被送上法庭，處以流放[*1]至緬甸仰光[*2]的刑罰。

*1 流放：將罪犯送到邊疆或離島的刑罰。
*2 仰光：現今緬甸最大的城市，當時為英國占領。

我們的榮光……

皇帝陛下……

這一年，八十七歲的蒙兀兒帝國末代皇帝在流放之地仰光為生涯畫下句點，蒙兀兒帝國隨之滅亡。

大多數參與叛亂的人都落得悲慘的下場。

大叛亂之後，英國對印度的殖民統治持續長達九十年，

莫罕達斯·甘地

直到西元1947年進入尾聲。

由甘地領導的公民運動讓印度獲得獨立。

小知識

達利普·辛格（見46頁）在西元1888年再次改信錫克教，並請求俄羅斯攻打印度，藉此反抗英國，但因英國從中作梗而失敗。最後，女王赦免他，未施以任何責罰。

過去曾稱霸世界的鄂圖曼帝國*1
面臨衰退的危機。領土逐漸減少的
同時，中央政府希望轉換成歐洲的
國家體制，拚命地推動近代化。

西元1867年
英國

皇帝陛下，

身體不好好休養，
沒問題嗎？

*1 鄂圖曼帝國（西元1299～1922年）：由鄂圖曼一世在安那托利亞半島建立的伊斯蘭國家。西元17世紀曾統治中亞到北非如此遼闊的地域。

鄂圖曼帝國皇帝
阿卜杜勒阿齊茲*2

皇帝姪子
阿卜杜勒哈
米德二世*4

陛下！

太勉強對身
體不好。

為了觀賞英國海軍的
閱兵儀式*5，暈船不
算什麼。

沒事，我沒事。

皇帝姪子
穆拉德五世*3

*2 阿卜杜勒阿齊茲（西元1830～76年）：鄂圖曼帝國第三十二代皇
（在位期間西元1861～76年）。他多才多藝，仰慕西方科技文明
對海軍情有獨鍾，建立當時世界第三大海軍，僅次於英法。

之前的克里米亞大戰*6 得到貴國的援軍協助，才得以戰勝俄羅斯，

但是戰爭若再發生，能否強化海軍是我國目前面臨的一大課題。

＊6 克里米亞大戰：克里米亞戰爭（見69頁）。

當時我丈夫亞伯特*7還在人世。

維多利亞女王的丈夫亞伯特在西元1861年、年僅四十二歲時辭世。

＊7 亞伯特：西元1861年12月因傷寒病故。失去丈夫的維多利亞女王悲痛至極，出席公眾場合皆身穿喪服。

克里米亞戰爭

是一場漫長、艱辛的戰役。

距離那場戰役已經十三年了。

維多利亞女王（48歲）

西元1854年11月

1 穆罕默德·阿里（西元1769～1849年）：統治鄂圖曼帝國的行省埃及，是穆罕默德·阿里王朝第一代君主。

2 兩次戰爭：指土埃戰爭（西元1831～33、1839～40年）。為了希臘獨立戰爭而支援鄂圖曼帝國的埃及，要求以敘利亞領土為回報，卻未能如願而掀起的戰爭。

過去曾被譽為亞洲最強的鄂圖曼帝國，此時已不見往日榮光，衰退的程度甚至被比喻為「垂死的病人」。

西元1830年希臘獨立，次年因為希臘獨立的影響，埃及總督穆罕默德·阿里*1起兵叛亂，經過兩次戰爭*2後，得到實質獨立。

想獲得不凍港*3而不斷往南方侵略的俄羅斯，常威脅衰弱的鄂圖曼帝國。但西歐各國害怕俄羅斯繼續擴張，於是介入雙方之間，讓兩者得以維持微妙的平衡。這就是所謂的「近東問題」。

俄羅斯帝國

1830年 希臘王國獨立

埃及 實質獨立

穆罕默德·阿里

鄂圖曼帝國全盛時期（1683年）

鄂圖曼帝國的領土（1830年）

至1830年的失地

*3 不凍港：冬天不結冰，全年可使用的港口。

*5 普魯士：現今德國北部到波蘭西部的王國（見第5章）。

*4 保護希臘正教徒：西元1852年，法國要求鄂圖曼帝國承認在耶路撒冷的羅馬天主教徒管理權，俄羅斯也向鄂圖曼帝國要求在帝國境內居住的希臘正教徒管理權，但是，鄂圖曼帝國拒絕了。

在各國角力過程中，西元1853年俄羅斯以保護希臘正教徒*4為藉口，攻入鄂圖曼帝國境內。英國、法國、普魯士*5、奧地利希望透過會議調停卻失敗，克里米亞戰爭旋即爆發。

英國與法國一同參戰援助鄂圖曼帝國。

醫療部隊差不多該抵達宛如人間煉獄的斯庫塔里*6軍醫院了。

希望他們能早日改善……

*6 斯庫塔里：隔著博斯普魯斯海峽，與伊斯坦堡相望的城市。克里米亞戰爭時，英軍在此地設立基地。現稱「於斯屈達爾」。

*1 佛羅倫斯‧南丁格爾（西元1820～1910年）：為了改革軍隊醫療
　體系和培育護士奉獻自己的人生。

克里米亞戰爭最知名的從軍護士
就是佛羅倫斯‧南丁格爾*1。

她除了前往克里米亞，照顧因為
天氣寒冷與傳染病而有數千士兵
喪命的戰地病患，還將自己的財
產奉獻給軍醫院，因此得到眾人
稱頌。

這裡漏針喔！

哎呀！

在英法聯軍攻下俄羅斯的塞瓦
斯托波爾要塞*2後，戰爭似乎
暫時畫下休止符。

但這場勝利得來勉強，俄羅斯
的威脅並未因此消除。

*2 塞瓦斯托波爾要塞：克里米亞半島西南地區面臨黑海的城市。
*3 伊斯坦堡：位於巴爾幹半島東側的鄂圖曼帝國首都。
*4 多爾瑪巴赫切宮：阿卜杜勒邁吉德一世（見72頁）之後，取代托普
　卡匹皇宮，成為皇帝居住的地方。

十八年後——
西元1872年
伊斯坦堡*3
多爾瑪巴赫切宮*4

調查宮廷內部
財政？

鄂圖曼帝國第三十二代皇帝阿卜杜勒阿齊茲的體重重達200公斤，西元1867年受拿破崙三世邀請參加巴黎萬國博覽會，是首位造訪西歐各國的鄂圖曼帝國皇帝。在溫莎城堡與他會面的維多利亞女王在信上形容他：「眼睛是東方人的淡棕色」。

已經讓你們設立財務部了，還不滿足嗎？

宮廷的支出實在太沉重。

向外國的借款到底要膨脹到什麼程度，請您三思。

鄂圖曼帝國大宰相*5米德哈特*6帕夏*7

克里米亞戰爭結束後，向各國的沉重貸款使政府財政短絀。

以持續推動鐵道的延長計畫作為交換如何？

陛下請不要因鐵道而玩物喪志。

總之，下臣會立刻著手調查財政。

*5 大宰相：指鄂圖曼帝國中輔佐皇帝的最高官職，相當於歐洲的首相。

*6 米德哈特（西元1822～84年）：鄂圖曼帝國的政治家、大宰相。

帕夏：鄂圖曼帝國對高級長官的敬語，常用於總督或將軍等級以上的官員。

你說夠了吧！

我要撤除你的大宰相一職。

此時的鄂圖曼帝國一步步走向皇帝阿卜杜勒阿齊茲的獨裁政權。

繼承皇位的弟弟阿卜杜勒阿齊茲雖然接手改革，

但在他專制的統治之下，

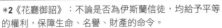

民主改革逐漸
衰退。

※
4
納迪姆（約西元1818～83年）：全名為馬哈茂德・納迪姆，西元1871和1875年就任大宰相。

※
3
侯塞因・阿福尼（西元1820～76年）：曾任陸軍與海軍大臣，西元1874年就任大宰相。

三年後——
西元1875年4月

果然輪到我被
開除了。

不過，這些年來能
在這裡任職一年就
算長了吧！

聽說之後要任命
擅長與俄羅斯斡
旋的納迪姆*4。

皇帝的腦袋越來
越不清楚了。

侯塞因・阿福尼*3
帕夏

對於任職才三個月
的我而言，你已經
很值得尊敬了。

宮廷的支出還是一樣
浪費，

再這樣下去，
這個國家肯定
會破產。

73

要進一步推動改革，就必須早日制定憲法。

不過現在這個情況……

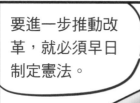

只能武裝政變*1請皇帝退位了。

你是認真的嗎？

打個比方而已。

從前任軍部總司令官口中聽到這句話，很像一回事。

時機成熟的話，我絕對會有所行動。

*1 武裝政變：握有軍隊的勢力，透過武力迫使政權移交的手段。

到時候，

請讓我助一臂之力。

應該就在不久的未來吧！

迫使皇帝退位的契機在半年後降臨，

鄂圖曼帝國總算宣布國家破產。

女士尼亞與赫塞
于維納聯邦

保加利亞

受到不久前的波士尼亞
叛亂影響，隔年春天保
加利亞也發生暴動。

罷黜*2
大宰相！

罷黜！

國內對政府外交*3不滿
的學生們湧向清真寺。

*2 罷黜：見19頁。

西元1876年5月

就是今晚！

讓我們擁護下一
任皇帝上臺。

我已經下達指示，要兩
組大隊包圍宮殿，近海
海面也已布置軍艦。

趁民眾對政府不滿之時，侯塞
因·阿福尼再度接任總司令官
一職，米德哈特則重返內閣會
議擔任要職。

時機到了。

是的！

皇帝的母親稱為「母后」，擁有僅次於皇帝的權勢。皇族居住的後宮有一大群由女奴隸擔任的侍女服侍，而且母后經常是後宮侍女出身。

母親大人，再這樣下去我就要被迫退位了！

絕對不可以讓這種事發生。

你要以皇帝身分保護我這個母親。

母親大人。

陛下。

您應該知道我來這裡的目的吧？

我絕不退位

請您為這個國家著想。

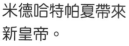

請往這兒走。

帕夏。

米德哈特帕夏帶來新皇帝。

拜託你今晚留宿宮裡。

我一個人實在怕到不行。

鄂圖曼帝國
第三十三代皇帝
穆拉德五世

臣知道了。

五天後——
西元1876年6月4日

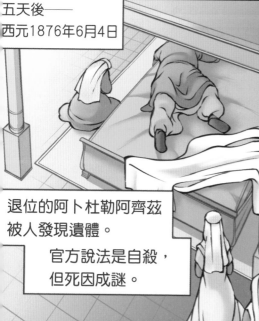
退位的阿卜杜勒阿齊茲被人發現遺體。

官方說法是自殺，但死因成謎。

事件並未因此落幕。

碎

碎

碎

阿卜杜勒阿齊茲從西元1865年開始箝制言論自由，不斷鎮壓反對聲浪。為了反抗如此專制的政權，要求制憲的知識分子集團組成「青年鄂圖曼人」，位居核心的前鄂圖曼政府官員兼劇作家的納米克‧凱末爾在英國發行報紙，並在阿卜杜勒阿齊茲退位後回到鄂圖曼帝國。

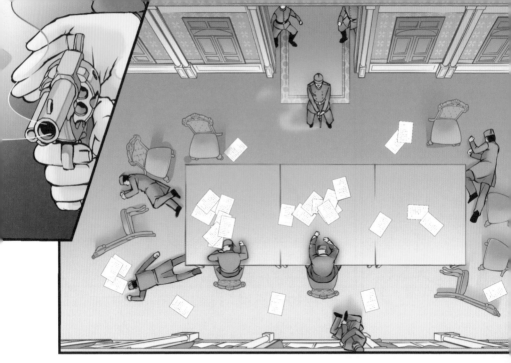

擔任皇帝輔佐官的年
輕陸軍軍官*¹闖入內
閣會議瘋狂掃射。

侯塞因‧阿福尼
因此身亡。

*1 年輕陸軍軍官：阿卜杜勒阿齊
茲的小舅子切爾克斯‧哈桑。

掃射事件與前皇帝之死，將精神衰弱的穆拉德五世逼入絕境。

皇帝的身體如果不好……

吵死了，別過來！

叔叔被殺了，被殺了……

每個皇帝　　都會被殺！

結果，穆拉德五世僅擔任皇帝三個月就退位。

2 阿卜杜勒哈米德二世：西元1876年8月成為新皇帝。即位前，與米德哈特帕夏約定進行改革。
3 兩院制：制定法律的議會（議院），由獨立的兩個議會組成的政治制度。
4 憲法草案修訂委員會：委員會以「青年鄂圖曼人」（見79頁）的納米克‧凱末爾為核心。

西元1876年10月

參考的是英國與法國的憲法吧？

是的。

穆拉德五世退位後，由他的弟弟繼承皇位。

出版自由、言論自由、兩院制*3議會……

嗯……

鄂圖曼帝國第三十四代皇帝阿卜杜勒哈米德二世*2

米德哈特帕夏總算在這位皇帝手下擔任憲法草案修訂委員會*4的主席。

我希望在這份草案中加入皇帝的特權，

啊？

包括在非常時期停止憲法的權力，

以及皇帝可以透過這項權力流放危及國家安全的人。

這麼一來……

臣知道了。

我不想和叔叔落得同樣的下場，

如果不加這條特權，我不會認同這份憲法。

米德哈特帕夏認同這項特權的同時，也決定了自己日後的命運。

那麼，就早一點在12月23日頒布。

這麼快？

這可是列強為了開會到伊斯坦堡的日子，

想要大肆宣傳制憲，沒有比這天更合適的了。

如果來得及，我就任命你擔任大宰相。

加油吧！

此時的鄂圖曼帝國與巴爾幹半島仍互相對立。

俄羅斯明白表示支持與鄂圖曼帝國對立的地區，所以鄂圖曼帝國與俄羅斯之間爆發戰爭的可能性日漸高漲。

俄羅斯帝國

波士尼亞與赫塞哥維納聯邦

塞爾維亞

羅馬尼亞

保加利亞

黑海

各列強為了仲裁此事，決定在伊斯坦堡召開會議。

鄂圖曼帝國

伊斯坦堡

希臘

西元1890年9月，阿卜杜勒哈米德二世為了親善，派遣軍艦埃爾圖魯爾號前往日本，卻在日本和歌山縣的海面沉沒。日本盡力救援與撫慰眷屬之餘，捐贈不少捐款，並出動日本海軍軍艦運載生還者返回伊斯坦保。土耳其因為這次事件成為日本的友邦。

鄂圖曼帝國制憲之舉是為了向西歐各國展示改革的決心，也希望藉此得到軍費的支援。

雖然動機不夠純正，但由米德哈特帕夏起草的這部憲法，的確是亞洲第一部憲法。

這部制定兩院制議會、責任內閣制*、君主立憲制的鄂圖曼帝國憲法又稱為「米德哈特憲法」。

頒布憲法的同時雖然召開了國際會議，

但各列強的仲裁仍以失敗告終。

鄂圖曼帝國與俄羅斯的戰爭已進入無法避免的狀態。

＊責任內閣制：政府（內閣）根據議會的信任成立，並對議會負責的制度。或稱議會內閣制

而且那個男人摧毀鄂圖曼帝國也是事實。

對希望施行專制政治的阿卜杜勒哈米德二世而言，推動憲政改革的米德哈特帕夏是眼中釘。

被流放至國外的米德哈特帕夏日後雖然得以返回故土，

卻因為再度推動憲政被逮捕，最後落得被處死的下場。

米德哈特帕夏被流放後，阿卜杜勒哈米德二世變得更加專制。

與俄羅斯的戰爭*爆發後，就以緊急事態為由解散議會。

議會在之後三十年未曾復興。

＊與俄羅斯的戰爭：指俄土戰爭（西元1877～78年）。想要占領巴爾幹巴島的俄羅斯，以保護鄂圖曼帝國境內的斯拉夫民族為藉口掀起戰爭（見88頁）。

西元1878年3月3日遲遲等不到英國援軍而被逼入絕境的鄂圖曼帝國，與俄羅斯簽訂了完全有利於俄羅斯的《聖士提法諾條約》。

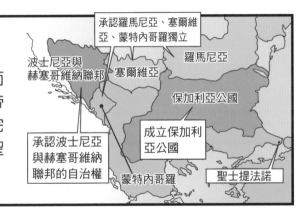

承認羅馬尼亞、塞爾維亞、蒙特內哥羅獨立

羅馬尼亞

波士尼亞與赫塞哥維納聯邦

塞爾維亞

保加利亞公國

成立保加利亞公國

承認波士尼亞與赫塞哥維納聯邦的自治權

蒙特內哥羅

聖士提法諾

<small>小知識</small>

鄂圖曼帝國因《聖士提法諾條約》不得不承認保加利亞的自治權與塞爾維亞、蒙特內哥羅、羅馬尼亞的完全獨立。如此一來，俄羅斯更方便進出巴爾幹半島和地中海。然而，在英國與奧地利的抗議後，召開柏林會議，大幅修改了條約內容。

難道不能立刻罷免德比外交大臣嗎？

他在黨內有眾多支持者，恐怕沒辦法硬逼他辭職。

已經向俄羅斯表明希望能修改條約內容，現在要看俄羅斯的回覆了。

遊說是遊說，

可是俄羅斯怎麼可能把吃到嘴裡的肥肉吐出來。

俄羅斯拒絕英國的要求，英國因此決定派軍。德比外交大臣也被迫辭職。

西元1878年6月
柏林

抱歉，
讓您久等了。

俄羅斯
帝國

奧匈帝國

羅馬尼亞

此外，奧地利因為《聖士提法諾條約》導致國境受到侵占，完全無法接受。或許是這個原因，西歐各國決定開會討論這件事。

＊
2
俾
斯
麥
：
德
意
志
帝
國
的
宰
相
（
見
第
5
章
）
。

＊
1
比
肯
斯
菲
爾
德
伯
爵
：
迪
斯
雷
利
的
封
號
（
見
88
頁
）
。

好久不見，

比肯斯菲爾德伯爵*1。

德意志帝國宰相
俾斯麥*2

感謝您願意挑起如此重責大任。

這個問題與德國並非毫無關係。

為了討論俄土戰爭產生的西歐各國紛爭，新興的德意志帝國被選為會議地主國。

因為俄羅斯無法忍受奧地利擔任地主國。

這也難怪。

總之，我將以地主國代表的身分，

盡責地貫徹「仲介人」的角色。

西元1891年將埃爾圖魯爾號生還者運載至母國的日本海軍軍官，曾寫下「土耳其海軍幾乎名存實亡，腐敗至極，不堪實用」的描述。曾在西元16世紀蘇萊曼一世治理下全面掌控地中海的鄂圖曼海軍，已不復往日榮光。

鄂圖曼帝國下的奧地利統治區

獨立為公國

領土縮小

還後成自治省

塞爾維亞

羅馬尼亞

蒙特內哥羅

保加利亞公國

東魯米利亞

馬其頓

歸還後成為自治省

歸還給鄂圖曼帝國

在西元1878年6月召開的柏林會議，最終簽訂了《柏林條約》，讓俄羅斯無法涉足地中海。俄羅斯原本期待德國做出有利的仲裁，兩國的關係因為這個結果而惡化。另一方面，鄂圖曼帝國之後開始與德國親近。

迪斯雷利首相為英國帶來榮耀的和平！

《柏林條約》使英國獲得塞普勒斯*3，成功阻止俄羅斯截斷英國的「帝國之路」。

*3 塞普勒斯：土耳其南部，在地中海海面上的島嶼。

皇帝陛下，測試過了，沒有毒。

好。

＊1 日俄戰爭（西元1904～05年）：為了爭奪滿州、朝鮮的統治權，日本與俄羅斯在中國東北部進行的戰爭。最後與英國聯盟的日本獲得勝利。

在俄土戰爭引起混亂時發生的武裝政變雖然沒有成功，阿卜杜勒哈米德二世卻開始感覺有生命危險，暗殺的恐怖陰影時時刻刻籠罩著他。

即使如此，他仍不願放棄專制政治。

＊2 青年土耳其革命：西元1908年，為了推翻皇帝的專制政治，知識分子與軍隊的年輕軍官聯手的武裝起義。

直到持續近代化的日本在西元1905年打贏日俄戰爭＊1後，

西元1908年，青年土耳其革命＊2起義，皇帝不得不恢復憲法。

君主立憲制雖得以復興，但之後又爆發反革命派的叛亂，阿卜杜勒哈米德二世就在這一片混亂之中被迫退位。

小知識

阿卜杜勒哈米德二世是阿卜杜勒邁吉德一世之子。為了振興鄂圖曼帝國，實行專制統治的阿卜杜勒哈米德二世曾進行教育改革，在全國各地興建大量中學、小學與軍事學校。此外，他還開發了鐵路與電報系統、重組司法部。

鄂圖曼帝國的領土在俄土戰爭之後不斷減少，

無法再躋身於歐洲大國之列。

鄂圖曼帝國
（1914年）

不久之後，鄂圖曼帝國參加了第一次世界大戰，卻遭受更加嚴重的挫敗，從此一蹶不振。

什列斯威、霍爾斯坦兩公國：位於歐洲北部的日德蘭半島，是丹麥裔與多數德裔居民混居的地區，丹麥國王兼任兩公國的君主。

西元1863年，丹麥國王提出一條法律，內容為合併位於日德蘭半島的什列斯威公國，但這條法律違反了簽訂於西元1852年的《倫敦議定書》[3]中「什列斯威、霍爾斯坦兩公國[4]不分離」的原則。

丹麥王國

什列斯威
公國

霍爾斯坦
公國

普魯士、奧地利為了抗議這條法律，聯手展示武力解決的態度。

與普魯士開戰的話，你姊姊維琪[5]會傷心。

嗯。

女王的長女維多利亞與普魯士皇太子腓特烈三世[6]結婚，住在普魯士。

[3]《倫敦議定書》：丹麥和普魯士在西元1848年為了爭奪什列斯威、霍爾斯坦兩公國統治權而發動戰爭。為了平息這場戰爭，西元1852年在倫敦簽訂了《倫敦議定書》，內容包括兩公國不分離的協議。

英國是否該向丹麥伸出援手？

帕默斯頓首相[7]雖然要求透過會議仲裁，但英國維持中立才是上上策。

而且，

那個男人似乎一點也不畏懼我國。

那個男人？

先違反條約，向兩公國出手的是丹麥，這很難處理。

維琪：維多利亞女王長女維多利亞（西元1840~1901年）的[⋯]。　[6]腓特烈三世（西元1831~88年）：普魯士國王、德[意志]帝國第二代皇帝。　[7]帕默斯頓首相：見13頁。

就是俾斯麥[1]。

西元1864年爆發的丹麥戰爭，最終由普魯士和奧地利聯軍獲勝，兩公國的統治權也轉移到普魯士和奧地利手中。

這是俾斯麥為了建立德意志帝國的第一場戰爭。他在這場戰爭中，透露出「鐵血宰相」的果決。

十三年前——
西元1851年

法蘭克福
德意志邦聯議會

這個議案多數反對，因此予以否決。

---

*1 俾斯麥：奧托‧愛德華‧李奧波德‧馮‧俾斯麥（西元1815～98年）。西元1847年成為普魯士聯合州議會議員，之後擔任普魯士首相（在任期間西元1862～90年），完成德意志統一大業，並擔任德意志帝國宰相（在任期間西元1871～90年）。

接下來的議案是……

邦聯議會主席
奧地利代表

普魯士代表
俾斯麥

德意志邦聯議會就是由加盟德意志邦聯的各國代表組成的國際會議。

普魯士王國

● 王國
● 選帝侯國
● 大公國
● 公國
● 侯國

奧地利帝國

德意志邦聯範圍 ▭

當時的德意志約有四十個獨立國家，德意志邦聯則是這些同盟國的邦聯組織。其中最大的兩個國家為普魯士王國和奧地利帝國，但奧地利為常任主席國，比普魯士占優勢。

進入西元19世紀後，將德意志地區建立為一個國家的想法日漸普及，但是包括奧地利的「大德意志主義」與不包括奧地利的「小德意志主義」彼此對立。除了德意志人之外，由匈牙利人、捷克人組成的奧地利，反對建立屬於德意志人的統一國家。

我不贊成和奧地利敵對這件事。

應該採取協調路線，共同摸索德意志統一的道路。

你也太愛說笑了。

我認為，要讓普魯士取得優勢，應該和法國結盟。

你忘了那場革命就是從法國開始的嗎？

西元1848年2月在法國爆發的二月革命[3]傳遍歐洲，連柏林也出現由民眾掀起的三月革命。

不過，民眾主導的自由主義政府式微，反革命勢力捲土重來，讓帝政得以復興。

法國施行第二共和之後，拿破崙一世的姪子路易‧拿破崙[4]在選舉中被選為總統。之後，他透過武裝政變登上王位，以拿破崙三世之名開始法國第二帝政。從普魯士的角度來看，法國就是「革命之國」。

*3 二月革命：在法國爆發的公民革命。推翻路易‧腓力的七月王政，樹立了第二共和（西元1848～52年）。

*4 路易‧拿破崙（西元1808～73年）：在第二共和時期就任總統，掌控軍隊。使獨裁體制復活後，以拿破崙三世之名即位（在位期間西元1852～70年）。

無法理解。

政治如下棋。

我不是鼓吹革命的好處,

只是在說法國的威脅若能轉為普魯士所用,就該這麼做。

為了勝利,不能排除所有可能性。

將軍*1。

之後,俾斯麥就利用政治和外交手腕,將德意志帶往統一的道路。

*2 巴伯斯貝格宮：位於首都柏林近郊波茨坦的宮殿。

西元1862年9月
巴伯斯貝格宮*2

軍制改革是這個國家的當務之急。

如果預算案無法通過，我考慮退位。

普魯士國王
威廉一世*4

軍制改革*3的預算案被否決了。

我先和羅恩*5聊過了，所以才把你叫來。

3 軍制改革：擴大陸軍規模、延長兵役期限、縮編退役士兵和市民組成的後備軍隊等改革方案。

俾斯麥，

你當上首相後，能夠推動軍制改革嗎？

陸軍大臣
羅恩

5 羅恩（西元1803〜79年）：普魯士軍人、政治家。

*4 威廉一世（西元1797〜1888年）：普魯士國王（在位期間西元1861〜88年）、德意志帝國第一代皇帝（在位期間西元1871〜88年）。

一切將如陛下所願。

這一天，俾斯麥扛下普魯士首相這個重責大任。

*1 現在的國土：普魯士的領土很多是位於遠離德國東部萊茵地區的「飛地」（因他國領土而被分割的領土）。

同月，
俾斯麥首次以首相
身分進行演講。

普魯士現在的國土*1明顯不是健全國家該有的。

*2 鐵與血：鐵為兵器，血為士兵。之後俾斯麥推動了被稱為「鐵血政策」的富國強兵與強硬外交政策。

能解決這個問題的不是演講，

也不是多數表決！

什麼狂言！

簡直侮辱議會！

只有

「鐵與血*2」
能夠解決！

這次的「鐵血演說」使俾斯麥成為後世知名的「鐵血宰相」。

這場訴求軍制改革必要性的演說遭到議會反彈，預算案的否決也未能撤回。

不過，即使預算案無法通過，他仍以國家存亡為理由，繼續擔任首相一職。這種鑽憲法漏洞的手段，為他樹立眾多敵人。

在反對聲浪中，俾斯麥始終貫徹德意志統一的信念，並在丹麥戰爭獲得勝利。

西元1865年10月
法國・比亞里茲*3

普魯士與奧地利之間似乎免不了一戰……

要解決兩公國的合併問題，只能這麼做了。

*3 比亞里茲：位於法國西南方，面向大西洋的城市。

*2 北德意志邦聯：除了奧地利和南德意志之外，以普魯士為中心，由二十二個國家組成的邦聯。日後成為德意志帝國（西元1871～1918年）的原型。

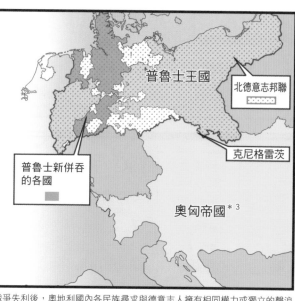

西元1866年7月普魯士在尋求德意志統一的第二戰「普奧戰爭」，也就是在克尼格雷茨戰役得到勝利。領土擴增至北德意志的普魯士，與北德意志諸國組成新的北德意志邦聯*2。

普魯士王國

北德意志邦聯

普魯士新併吞的各國

克尼格雷茨

奧匈帝國*3

*3 奧匈帝國（西元1867～1918年）：戰爭失利後，奧地利國內各民族尋求與德意志人擁有相同權力或獨立的聲浪日漸升高。為此，奧地利認同匈牙利的形式獨立，形成奧地利皇帝兼任匈牙利國王的共主邦聯。

法國

該不會和奧地利的密約外洩了。

法國也與奧地利簽訂戰勝後必須割讓領土的密約。

說什麼會還萊茵地區！

可惡的大騙子！

可惡的俾斯麥。

為了萊茵地區的割讓問題，法國與普魯士之間越來越緊張。

西元1870年3月
柏林

寡人無法贊成，法國絕不會悶不吭聲。

*1 毛奇（西元1800～91年）：對奧地利和法國作戰時，將普魯士帶往勝利的人，被譽為「近代德國陸軍之父」。

普魯士
參謀總長
毛奇*1

陛下……

西元1868年9月，西班牙爆發革命*2，需要新的國王。

不管被如何批評，我絕不會允許。

不過，與普魯士皇室相同祖先，得到皇室待遇的李奧波德成為西班牙國王後，

普魯士王國

法蘭西帝國

西班牙王國

國王候選人有霍亨索倫－西格馬林根家族*3的李奧波德。

被夾在兩國之間的法國立刻出聲抗議。

李奧波德的父親
卡爾·
安東親王

沒有得到陛下允許，我不可能接受王位。

李奧波德公爵

咻

怎麼辦？

這下子不能和
法國作戰了。

這件事到此
為止。

李奧波德公爵若
是有陛下的許
可就會接受。

既然這樣，我會
不擇手段地得到
許可。

俾斯麥半強迫地
得到國王許可，
將李奧波德推上
西班牙王位。

為了讓德意志統一，必
須併吞和法國接壤的南
德意志邦聯，也無法避
免與法國一戰。俾斯麥
希望以法國自行宣戰*4
的方式開戰。

北德意志邦聯

法蘭西帝國

南德意志邦聯

*4 法國自行宣戰：為了讓南德意志邦聯偏向普魯士，
塑造「法國是侵略者」的印象。

關於西班牙王位的事，想請教陛下的看法。

法國大使
班納德提

*1 巴德埃姆斯：德國西部萊茵蘭‧普法茲邦的城市，是萊茵河沿岸的溫泉勝地。

西元1870年7月
德意志西部
巴德埃姆斯*1

您明明在靜養，我還跑來打擾，真是非常抱歉。

同意李奧波德即位這件事，使得法國上下人心不安。

普魯士國王
威廉一世

關於這個問題，我認為不該看成與普魯士國王有關，而該看成與霍亨索倫家族的家長有關。

但是再這樣下去，恐怕難以避免最糟的情況發生。

您的意思是……普魯士國王不會干涉嗎？

從一開始就持反對意見的威廉一世，在班納德提遊說之後，逼迫李奧波德退位。

柏林

完全是多此一舉。

*2 他的外交策略促成俾斯麥的埃姆斯電報事件。

在命令班納德提大使與陛下會面之前，法國的格拉蒙外交大臣*2似乎想避免戰爭。

這是國王陛下從埃姆斯傳來的電報。

如此一來，只能找新的開戰理由了。

我們得感謝格拉蒙外交大臣的周到啊！

各位，

唰

你打算做什麼？

我要稍微加工一下，在報紙上公諸於世。

如此一來，法國就無法悶不吭聲了。

法國要求威廉一世簽訂今後不得干涉西班牙王位的切結書。

威廉一世認為這項要求十分無禮，以電報告知俾斯麥他已慎重拒絕。

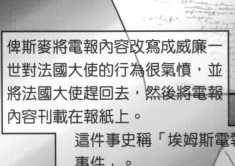

俾斯麥將電報內容改寫成威廉一世對法國大使的行為很氣憤，並將法國大使趕回去，然後將電報內容刊載在報紙上。

這件事史稱「埃姆斯電報事件」。

法國覺得受到侮辱而向普魯士宣戰。一切如俾斯麥的劇本進行。

普魯士軍隊在毛奇的指揮下占上風，最後在色當*戰役將法軍逼入絕境。

法軍投降，拿破崙三世被俘，暴動四起的法國廢止帝政。

新的共和國政府雖然繼續作戰，但西元1871年巴黎淪陷，戰爭就此告終。

在巴黎淪陷前夕。

西元1871年1月18日　凡爾賽宮

威廉皇帝陛下萬歲！

威廉皇帝陛下萬歲！

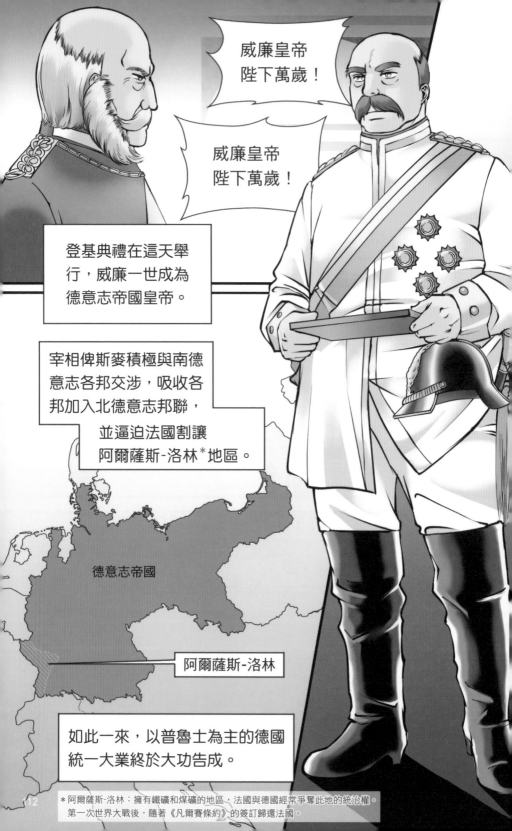

威廉皇帝
陛下萬歲！

威廉皇帝
陛下萬歲！

登基典禮在這天舉
行，威廉一世成為
德意志帝國皇帝。

宰相俾斯麥積極與南德
意志各邦交涉，吸收各
邦加入北德意志邦聯，
並逼迫法國割讓
阿爾薩斯-洛林*地區。

德意志帝國

阿爾薩斯-洛林

如此一來，以普魯士為主的德國
統一大業終於大功告成。

*阿爾薩斯-洛林：擁有鐵礦和煤礦的地區，法國與德國經常爭奪此地的統治權。
第一次世界大戰後，隨著《凡爾賽條約》的簽訂歸還法國。

西元1871年3月
英國

我全家流亡英國這件事，非常感謝您的幫助。

戰爭結束後，拿破崙三世流亡至英國。

是中了俾斯麥的詭計吧！

女王陛下，好久不見。

法國對德國憤怒之極。

今後俾斯麥將會採取什麼行動，

真是令人擔心。

亡夫亞伯特雖然希望德意志統一，但不希望用這種方式。

德意志帝國建立後，俾斯麥巧妙地對歐洲展開外交關係。

113

原因是俾斯麥建立德意志帝國後，並不想進一步擴張，而是全力以外交手段來維持帝國的規模。

其最大的敵人就是失去阿爾薩斯-洛林地區，燃起復仇之火的法國，所以要藉外交孤立法國。

德意志統一後，俾斯麥的外交重點有三項。首先，孤立法國；其次與俄羅斯、奧地利聯手；最後是不刺激英國。這種把英國、俄羅斯、奧地利、義大利、西班牙玩弄於股掌的外交手腕，被後世稱為「同時拋接雜耍五顆球的魔術」。

三帝同盟（1873 年）	三國同盟（1882 年）
二帝同盟（1879 年）	地中海協約（1887 年）
三帝協約（1881 年）	再保條約（1887 年）

英國

俄羅斯帝國

德意志帝國

奧匈帝國

法蘭西共和國

義大利王國

若將國家比喻成棋子，俾斯麥就像在下棋般，一邊利用各國的對立關係，

一邊與各國組成多種複雜的同盟關係，防範戰爭於未然。

*1 岩倉使節團（西元1871～73年）：由岩倉具視及其他政府高層或同行留學生組成的歐美使節團。　*2 岩倉具視（西元1825～83年）：實現王政復古，在明治政府時期推動近代化改革。　*3 伊藤博文（西元1841～1909年）：使節團副團長。明治維新後，成為初代內閣總理大臣。

西元1873年3月

俾斯麥舉辦了一場晚宴，

宴請從日本來的岩倉使節團*1。

普魯士在我年幼時有多麼貧窮。

大家應該還記得，

伊藤博文*3

岩倉具視*2

木戶孝允*4

*4 木戶孝允（西元1833～77年）：使節團副團長。明治政府的中樞人物，推動日本廢藩置縣的改革。

為了將普魯士打造成外交上能與他國平起平坐的國家，我處心積慮提升國力，總算達成願望。

德國絕對是應該與日本交好的國家。

為了與日本的相會，

乾杯！

乾杯！

為此，戰爭是必要之惡，我國所求的不過是與各國獨立、平等的外交。

115

真是精采絕倫的演說，閣下。

Ihre Rede war sehr herrlich.

能得到日本貴賓如此讚美，甚感榮幸。

法國

俄羅斯

英國

美國*1

日本至今仍深受歐美各國威脅，無法進行對等的外交。

聽君一席話，更覺得日本必須盡速提升國力。

德國不求在東洋設立殖民地。

如果日本在發展上需要人才，我很樂意為您介紹。

真是太感謝了。長年於國內閉戶造車，真的有很多需要學習的地方。

大久保利通*2

*1 美國國旗上的星星代表州的數量，此時只有三十七州。　*2 大久保利通（西元1830～78年）：使節團副團長、幕派的核心人物。在明治政府時期推動近代改革。　*3 山口尚芳（西元1839～94年）：使節團的副團長。在日本江戶幕府末期，為了成立薩長同盟而奔波。

希望今後能與日本維持長久友好的關係。

度過明治維新混亂才成立的明治政府，面對的主要課題就是廢除與歐美各國簽訂的不平等條約。「岩倉使節團」的目的在於了解西洋的情勢與技術，廢除不平等條約。

岩倉具視

大久保利通

木戶孝允

伊藤博文

山口尚芳*3

日本應該效法這個國家！

在途中順道前往德意志帝國與俾斯麥相遇，讓日本使節們深受震撼。

俾斯麥閣下所言甚是。

外交需要的是國力，

伊藤博文為了日本的制憲，日後再次造訪德意志帝國。日本第一部的《大日本帝國憲法》*4 就是仿效普魯士的「欽定憲法」*5。

不過他是正確的。

看來伊藤非常崇拜俾斯麥閣下。

日本若是繼續積弱不振，遲早會步上清朝後塵。

*1 富國強兵：強化國內經濟和軍力的政策。　*2 殖產興業：導入歐美生產技術，保護和培育產業的政策。

要與強國⋯⋯西歐各國相抗衡，必須先成為強國。

沒錯。

之後日本在他們的主導下，推動富國強兵*1與殖產興業*2的政策。

在中日戰爭與日俄戰爭取得勝利後，總算能與列強並駕齊驅。

不過，同時也為日後的帝國主義揭開序幕。

118

西元1888年3月
普魯士國王暨第一代
德意志帝國皇帝威廉
一世辭世。

陛下……

此時，皇太子腓特
烈三世正因咽喉癌
臥病在床。

父親……

希望父親沒
有遺憾。

維多利亞女王長女
皇太子妃維多利亞

威廉一世的孫子
威廉二世*3

次月，
維多利亞女王
造訪柏林。

母親大人，

我請俾斯麥閣下來了。

能一睹女王陛下風彩，

真是榮幸。

我也甚感光榮，

俾斯麥閣下。

我去探望過弗里茨*1，
似乎比較好轉。

您應該很清楚在病榻上繼承王位是多麼辛苦的事。

這時候不是該成為王妃的幫手嗎？

不，陛下的病情不樂觀。

*1 弗里茨：腓特烈三世的暱稱。

120

還有……

威廉二世

我覺得孫子威利*2
尚不足以擔任皇帝。

我會從旁助一
臂之力的。

殿下非常聰明，

丟進水裡就立刻
能學會游泳。

聽您這麼
說，我就
安心了。

那麼，我差不多
該告辭了。

非常感謝您撥
冗前來。

伸

2 威利：威廉二世的暱稱。

能與您交談，真是太好了。

緊握

您與傳聞中的印象完全不同。

非常感謝您的體諒。

腓特烈三世在俾斯麥與維多利亞女王會談之後兩個月辭世，

在位僅九十九天。

後繼之君是維多利亞女王的孫子威廉二世，

他就是將德意志帝國帶入第一次世界大戰的君王。

與新皇帝意見多數對立的俾斯麥，西元1890年3月辭去宰相一職。

俾斯麥時代就此落幕。

對德國發展做出極大貢獻的他為後世所稱頌，

但「鐵血宰相」這個冷酷的外號，也是他的代名詞。

辭去德意志帝國宰相之際，俾斯麥已七十四歲。辭職後十天，他離開柏林，移居至北德意志的漢堡郊外定居，但仍具有一定的影響力。俾斯麥偶爾會接受外國記者採訪，對政權提出批評，所以威廉二世曾想要逮捕他。

6　塞西爾·羅德斯與南非

西元1879年6月
英國

在亞洲之後，英國的下個目標就是南非。過去曾因位居印度航線中繼站而繁榮的南非，除了擁有豐富的天然資源，更被英國視為兵家必爭之地的殖民地。

他在父親拿破崙三世流亡到英國的時候，

應該才十五歲吧！

是一個非常好的孩子，我待他視如己出。

早知如此，那時就不該把他送到南非。

母親。

女王的五女
碧翠絲

我無法原諒殺害他的祖魯人*1。

*1 祖魯人：現今南非共和國夸祖魯·納塔爾省的原住民之一。其居住地稱為祖魯蘭。祖魯人雖在西元19世紀建立了祖魯王國，但西元1887年成為英國領地。

124

這天，拿破崙三世長子戰亡的消息傳回。他在父親亡故後繼續住在英國，成為軍人的他自願前往南非與祖魯人作戰，卻因此殞命。

拿破崙・歐仁 *2

約西元 1879 年的非洲殖民地
英國領土
葡萄牙領土
法國領土
德國領土
鄂圖曼帝國統治地區

開普殖民地
祖魯王國
納塔爾

當時英國將南非的開普 *3 和納塔爾 *4 納入統治範圍，

但納塔爾與原住民建立的祖魯王國相鄰，雙方不時發生紛爭。

*2 拿破崙・歐仁（西元1856～1879年）：普法戰爭後，流亡至英國的拿破崙三世的長子。西元1879年於祖魯戰爭中去世。
*3 開普：西元17世紀荷屬東印度公司設立的殖民地。以開普教為發展核心，在西元1814年成為英國殖民地。
*4 納塔爾：西元1839年波耳人（見130頁）在此地建立共和國，西元1843年被英國併入開普殖民地。

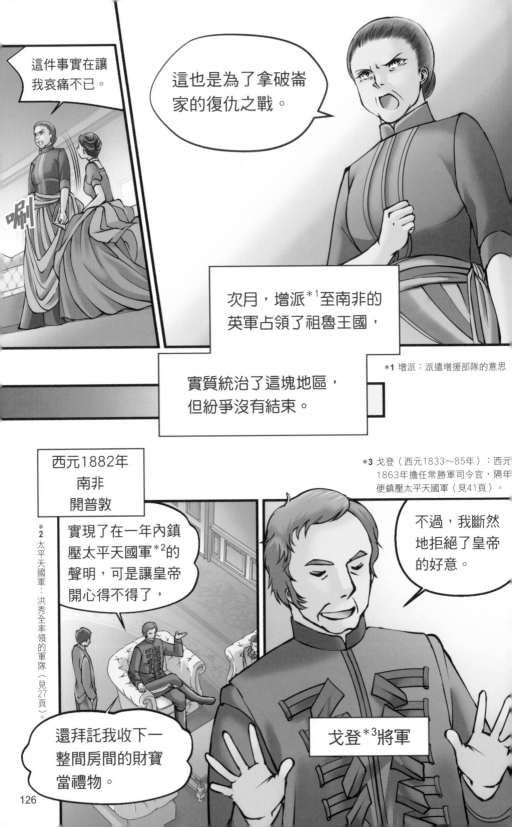

這件事實在讓我哀痛不已。

這也是為了拿破崙家的復仇之戰。

唰

次月,增派*1至南非的英軍占領了祖魯王國,

實質統治了這塊地區,但紛爭沒有結束。

*1 增派:派遣增援部隊的意思

*3 戈登(西元1833～85年):西元1863年擔任常勝軍司令官,隔年便鎮壓太平天國軍(見41頁)。

西元1882年
南非
開普敦

*2 太平天國軍:洪秀全率領的軍隊(見27頁)。

實現了在一年內鎮壓太平天國軍*2的聲明,可是讓皇帝開心得不得了,

不過,我斷然地拒絕了皇帝的好意。

還拜託我收下一整間房間的財寶當禮物。

戈登*3將軍

126

＊1 3C政策：英國想串聯加爾各答（Calcutta）、開羅（Cairo）、開普敦（Capetown），強化三地統治權的帝國主義政策。這項政策取各城市的第一個字母命名，稱為3C政策。

開羅

埃及領地
蘇丹

開普敦

巴蘇托蘭

加爾各答

英國除了持續推動從轄下的埃及開羅到開普殖民地的非洲縱貫計畫之外，還希望串聯這兩個地區與殖民地印度的加爾各答，這項計畫史稱「3C政策＊1」。

那麼，就讓我們各自完成自己的職責。

巴蘇托蘭＊2的地圖拿來。

是。

此時，為了鎮壓巴蘇托蘭叛變來到南非的戈登將軍，三年後在北非的蘇丹光榮戰亡。

英國征服蘇丹雖耗費了十七年，

但戈登聲望仍高，被視為英國的英雄。

塞西爾・羅德斯則持續追逐擴大英國殖民地的野心，甚至被稱為「非洲的拿破崙」。

129

*1 維瓦特斯蘭地區：現今南非共和國東北地區的盆地。　*2 川斯瓦：川斯瓦共和國。西元1852年，波耳人建立的共和

西元1860年代，川斯瓦共和國東部發現了金礦，奧蘭治自由邦境內發現了鑽石礦，為了一夕致富的英國礦山技師大量流入這兩個地區。他們被波耳人當成「外國人」；英國則打著保護這些技師的名義，將川斯瓦共和國與奧蘭治自由邦納為領土。

西元1886年

維瓦特斯蘭地區*1的地價因為淘金熱越來越高了。

川斯瓦*2政府要將這塊地區國有化。

川斯瓦會使用這招是必然的事，

怎麼可能對地底蹦出來的金礦坐視不管。

不過，我擔心波耳人*3會來搶金礦。

醫師兼政治家
詹森*4

*4 詹森（西元1853～1917年）：全名為林德・史塔・詹森

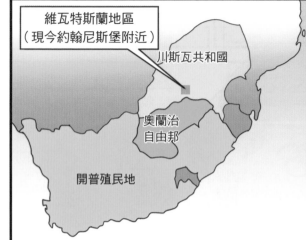

維瓦特斯蘭地區
（現今約翰尼斯堡附近）

川斯瓦共和國

奧蘭治
自由邦

開普殖民地

西元1886年
川斯瓦共和國的維瓦特斯蘭地區發現規模世界屈指可數的金礦。

川斯瓦共和國與奧蘭治自由邦都是荷蘭裔移民的後代「波耳人」建立的國家。

*3 波耳人：移居開普殖民地的荷蘭裔移民的後代。「波耳（英文為Boer）」是南非語（波耳人使用的荷蘭語方言）的音譯，意思是「農民」。現已改稱為「阿非利卡那」。

西元17世紀，比英國早一步將開普敦建設為殖民地的是荷蘭。從荷蘭移居至南非的是波耳人（阿非利卡那）的祖先。

這支維護祖先的傳承、排斥外來民族的傳統民族，對取代荷蘭統治開普敦的英國來說，比原住民還棘手。

這座宅院不錯。

可以當成在開普殖民地的政治活動據點。

不過，這座宅院原本為荷屬東印度公司所有。

這樣更好。

反正波耳人的東西，最後都會變成我們的。

不管是川斯瓦還是奧蘭治……

這一年，羅德斯開始進軍金礦業。在短短不到五年的時間，利用併購其他公司，成功將資本膨脹為十倍。

131

為了進軍川斯瓦共和國北部的高原地帶，羅德斯得到設立不列顛南非公司的許可。簡單來說，這就是英屬東印度公司的非洲版。直到西元1895年為止，這間公司利用自己的軍隊統治了超過英國本土四倍的遼闊土地。

羅德西亞相當於現今尚比亞共和國與辛巴威共和國地區。從當地首長得到礦山經營權和居住權的不列顛南非公司，將許多白人殖民者送到此地。西元1923～24年之間，南羅德西亞成為英國的自治殖民地，北羅德西亞成為直轄殖民地。

貝專納
（保護國）

奧蘭治
自由邦

開普殖民地

川斯瓦
共和國

這間特許公司將自己統治的土地稱為「羅德西亞」。

意思是「羅德斯之國」。

利用鑽石和黃金堆砌財富的羅德斯名利雙收，登上人生的最高峰。

*1 約翰尼斯堡：現今南非共和國東北地區的城市。西元1886年發現金礦後移居者大增，急速城市化。

武器已經暗中送到約翰尼斯堡[1]，不過數量還不足。

需要錢的話儘管開口。

如果能攻下川斯瓦就安心了。

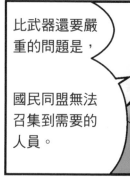

比武器還要嚴重的問題是，國民同盟無法召集到需要的人員。

這也難怪，因為是要對克魯格政權掀起「革命」。

*2 克魯格（西元1825～1904年）：生於開普殖民地。英國宣布併吞川斯瓦後，西元1880年被任命為臨時政府的總統，向英國挑起戰爭（第一次波耳戰爭）。在馬尤巴山戰役大敗英軍，與英國簽訂允許川斯瓦獨立的協定。西元1883年正式成為川斯瓦共和國總統（在位期間西元1883～1900年）。

從西元1883年開始擔任川斯瓦共和國總統的克魯格[2]，向來主張脫離英國的獨立政策，且把國內所有非波耳人稱為「外國人[3]」，除了歧視，還給予不平等的選舉權。對此感到不滿的「外國人」，為了尋求平等權利組成國民同盟。

克魯格
總統

*3 外國人：原文為uitlander，南非語的「外國人」之意。

我國對於借助德軍之力驅逐英國的克魯格也十分警戒。

要讓國民同盟的幹部了解，想得到英國的支持只能趁現在。

是。

詹森，

這場革命能否成功，取決於身為南非特許公司行政長官的你，

我很期待你的表現。

是。

推翻川斯瓦的計畫就這樣隱密地進行。

西元1895年
12月

真傷腦筋，國民同盟的幹部想要延後起義。

＊皮扎尼：約翰尼斯堡西部、貝專納南部的地名。

別說兩萬人，連五百人都召集不了，

更別說要革命了。

詹森長官為了四天後的起義，已經和軍隊在皮扎尼＊待命。

計畫是以國民同盟叛亂為革命的起點，

打電報告訴他們，無法起義就延期。

快去。

是！

最終還是延期了，詹森。

皮扎尼

長官。

中止攻擊嗎？

就算只有我們，也可以攻下約翰尼斯堡。

算了，

照計畫進攻吧！

詹森違背羅德斯延期的命令，朝川斯瓦進軍。

居然向川斯瓦進軍！

已經發了好幾次延期通知的電報。

非洲大陸雖然擁有豐富的自然資源與特有的文明，但在西元19世紀中葉之前，都被歐洲稱為「黑暗大陸」。透過李文斯頓（西元1813～73年）和史丹利（西元1841～1904年）的探險，了解非洲大陸內陸的地理和情況後，列強就將非洲視為殖民的對象，不斷地巧取豪奪。

真是有勇無謀！

不擇手段也要阻止他們！

不管用什麼手段！

西元1895年12月29日晚上，詹森帶著特許公司的騎兵隊攻入川斯瓦國境。

這項行動引起全世界的批判，羅德斯被迫辭去開普殖民地首相一職。

不過就如羅德斯所擔心的，他們被波耳軍隊團團包圍，詹森也被拘禁。

詹森⋯⋯

此後，羅德斯雖然持續政治活動，卻再也無法重振往日聲勢。

這件事傳到維多利亞女王耳中。

真是太遺憾了。

我本來非常看好他，既年輕又充滿野心。

這件事讓川斯瓦國內的波耳人在克魯格的領導下變得更團結，與英國的關係一路惡化。

西元20世紀初，非洲被歐洲列強瓜分為殖民地。大多數非洲國家的國境之所以會如此筆直，就是當時列強不管地形或民族，只以經緯線劃分殖民地所導致，直到現在，這仍是非洲各民族紛爭不斷的原因。

西元1899年
9月

「……南非的波耳人又出現騷動，陛下應該會避開這次的危機吧！」

荷蘭的威廉明娜*1女王很掛念在南非的戰爭。

的確，我也不希望發生任何戰爭。

不過，我們不能坐視不管那些為了自由而上呈請願書的川斯瓦英國臣民。

而且……

我一直覺得，

母親大人。

將南非的波耳人國家納入英國之下統治，

是我身為女王的最後任務。

西元1899年10月，川斯瓦共和國與奧蘭治自由邦一同介入與英國的戰爭，這就是南非戰爭*2。

當初英國以為能在六週之內結束這場戰爭，卻意外地陷入苦戰，戰線跟著拉長。維多利亞女王為了讓身陷戰場的士兵們感受耶誕節氣氛，特別送去巧克力，士兵們為此歡欣鼓舞。

隔年的西元1900年5月，奧蘭治自由邦投降，被英國併吞。緊接著，川斯瓦共和國的約翰尼斯堡被占領，戰爭至此告一段落。

不過，在西元1902年議和條約簽訂前，各地仍頻頻爆發游擊戰。波耳人的國家雖然成為英國的殖民地，還是爭取到自治權。西元1910年，開普及其他三處殖民地自組「南非聯邦」。

英國領土
法國領土
德國領土
葡萄牙領土
西班牙領土
義大利領土
比利時領土

西元1910年之前的列強殖民地

南非聯邦

小知識

英國宣布併吞川斯瓦與奧蘭治之後，波耳人仍持續抵抗，英軍只好燒毀波耳人的農地和房屋，強迫十二萬名女性和孩童進入強制收容所。在強制收容所惡劣的環境下，據說死亡人數超過兩萬人以上。國際輿論強烈抨擊英國此舉，將這場戰爭形容為「英國史上最不人道的戰爭」。

南非戰爭：即波耳戰爭，或稱布爾戰爭。這場歷經第一次（西元1880～81年）、第二次（西元1899～1902年）的兩場戰事，都是英國為了鑽石和黃金發動的侵略。不過，對當地非洲人來說，波耳人也是侵略者。

西元1900年9月

這樣嗎？

川斯瓦總算合併了。

此時，因為心臟病，健康持續惡化的羅德斯，已移居到開普敦郊外。

因為戰爭，挖掘黃金和鑽石的企業停止營業，

西元1902年3月，塞西爾·羅德斯於海邊的家辭世。

下臺後的羅德斯雖盡力追逐非洲縱貫鐵路的夢想，終究未能實現。

年僅四十八歲。

另一位西元19世紀的主角也即將走入歷史。

西元1901年1月英國

奶奶！

143

統治大英帝國全盛時期
「大英治世」的女王，
在西元20世紀揭開序幕
的同時辭世。

在帝國主義的時代下，
世界被西歐列強分割成
一塊塊殖民地，

西歐各國之間的對立，
逐漸蔓延至世界各地，

這些對立演變成戰爭，將
全世界捲入戰局，擴大成
第一次世界大戰。

全彩漫畫
NEW
世界歷史

9 列強的世界殖民與亞洲的民族運動

深入理解漫畫內容

時代總結

◆◆ 本單元注意事項 ◆◆

1. 各符號代表意義：血→世界遺產、⚠→重要詞句、👤→重要人物、🏺→美術品、遺跡

2. 重要詞句以粗體字標示，附解說的重要詞句以藍色粗體字標示。

3. 同一語詞若出現在兩處以上，將依需要標注參考頁碼。參考頁碼指的是「時代總結」中的頁碼。例：（→ p. ○○）

4. 年代皆為西元年。西元前有時僅標記為「前」。11 世紀以後的年代除了第一次出現外，有時會以末尾兩位數標示。

西元前 B.C.		西元後 A.D.	
前201年 前101年 西元前1年		100年 200年	
前200年 前100年		西元1年 101年 201年	
西元前2世紀 （前2世紀）	西元前1世紀 （前1世紀）	1世紀	2世紀

5. 人物除了生卒年之外，若是王、皇帝或總統，會標記在位（在任）期間，標記方式為「在位或在任期間○○～○○」。

6. 國家或地區名稱略語整理如下：

英：英國／法：法國／德：德國／義：義大利／西：西班牙／奧：奧地利／荷：荷蘭／普：普魯士
俄：俄羅斯／蘇：蘇聯／美：美利堅合眾國／加：加拿大／土：土耳其／澳：澳洲／印：印度／中：中國
韓：韓國（大韓民國）／朝：朝鮮／日：日本／歐：歐洲

年代	美洲	歐洲				
	美利堅合眾國・拉丁美洲	英國	法國	義大利・西班牙	奧地利	普魯士・日耳曼地區
1750 年						

▼迪斯雷利（英國）

西元1868年的保守黨首相。成功併購蘇伊士運河，將維多利亞女王推上印度女皇的寶座。（→p.40）

©PPS 通信社

1800 年

▼德雷福斯事件

西元1894年，法國猶太裔軍官德雷福斯被懷疑是德國間諜而遭處終身監禁。之後主張德雷福斯無罪和有罪的兩派爆發激烈對立。（→p.34）

©PPS 通信社

- 奧地利帝國
- 1834 成立德意志關稅
- 1848 第二共和國（法國）
- 1848《共產黨宣言》（普魯士）

1850 年

- 1851 第一次萬國博覽會（英國）
- 克里米亞戰爭（1853～56）
- 1861（～65）南北戰爭（美洲）
- 1861 義大利王國成立
- 普奧戰爭（1866）
- 1870 普法戰爭（法國）
- 1867 成立北德意志
- 1871 第三共和國（法國）
- 1871 建立德意志帝國
- 奧匈帝國
- 德意志帝國
- 1871 制定《勞動組合法》（英國）
- 1871 文化鬥爭
- 1875 收購蘇伊士運河股票（英國）
- 1878 占領波士尼亞與赫塞哥維納（奧地利）
- 1878《反社會主義者》
- 1889 第一次泛美會議（美洲）
- 三國同盟（1882）
- 1887（～89）布朗傑事件（法國）
- 1889 占領索馬利亞（義）
- 1888 威廉二世即位
- 1898 美西戰爭（美洲）
- 1890 社會民主黨成立
- 1899 門戶開放宣言（美洲）
- 1899（～1902）南非戰爭（英國）
- 1894 德雷福斯事件（法國）
- 1898 租借膠州灣

1900 年

- 1900 工業成立（英國）
- 1904 建造巴拿馬運河（美洲）
- 英法協議（1904）
- 1908 併吞波士尼亞與赫塞哥維納（奧地利）
- 1910 墨西哥革命（美洲）
- 1914 制定《愛爾蘭自治法案》（英國）
- 1911 義土戰爭（義大利）

※ 人物後的數字皆為在位期間。

2

羅斯帝國	西亞、非洲	大洋洲	亞洲	朝鮮	日本	中國（清朝）
			1752 貢榜王朝（緬甸）成立 1757 普拉西戰役			
		1770 庫克的澳洲占領宣言（英）	1767（～69）第一次邁索爾戰爭 1775（～82）第一次馬拉地戰爭 1782 拉達那哥欣王朝（泰國）成立		1787 寬政改革	1796 白蓮教之亂
	1798 拿破崙遠征埃及					
05 三皇會戰	1805 穆罕默德·阿里成為埃及總督	1810 夏威夷王國成立	1802 阮朝（越南）成立 1824（～86）英緬戰爭		1808 菲頓號事件 1825《異國船驅逐令》	
:庫曼恰伊條約》（1828）						
30 波蘭起義	1831（～33、39～40）土埃戰爭 1838（～42）第一次阿富汗戰爭 1848（～50）巴比教教徒之亂	1840 建立紐西蘭殖民地（英）	1834 英屬東印度公司停止商業活動 1845 第一次錫克戰爭		1841 天保改革	1840 鴉片戰爭 1842《南京條約》
歷山大二世 位 1855～81 58 中俄瑷琿條約 61 農奴制度改革	1876 米德哈特憲法		1857 印度大叛亂 1858 蒙兀兒帝國滅亡	1875 江華島事件	1858 日美修好通商條約 1868 明治維新 1874 出兵臺灣	1851（～64）太平天國之亂 1856 亞羅號戰爭 1860《北京條約》
士戰爭（1877） 878《聖士提法諾條約》/《柏林條約》			1877 建立印度帝國（英）	《日朝修好條規》（1876）		
歷山大三世 位 1881～94	1878（～80）第二次阿富汗戰爭 1881 阿拉比叛亂（埃及）		1887 法屬印度支那聯邦成立 1895 馬來聯邦成立（英）	1882 壬午兵變 1884 甲申政變 1894 甲午農民戰爭	1889 頒布《大日本帝國憲法》	1884 中法戰爭
古拉二世 位 1894～1917	1898 法紹達事件 1899 南非戰爭	1898 合併夏威夷（美）	1898 美西戰爭	中日戰爭（1894～95） 1896～ 義兵鬥爭	1895《馬關條約》	
904 俄戰爭（～05） 905 腥星期日事件	1905 摩洛哥危機	1901 澳洲聯邦政府成立（英）		《日韓協約》（1904～07）	1902 日英同盟 1904 日俄戰爭	1900（～01）義和團事件 1908 宣統帝即位
	1908 青年土耳其革命				1910 日韓合併	

英屬加拿大

美利堅合眾國　◎華盛頓

聖彼

英國　荷蘭
倫敦◎　　　普魯
　◎巴黎　維也納◎
法國　　　　奧
葡萄牙　西班牙
直布羅陀◎

阿爾及利亞
埃

墨西哥
1821
墨西哥城◎

古巴

牙買加

卡拉卡斯

塞內加爾

獅子山

黃金海岸

波哥大◎

大哥倫比亞
1819

圭亞那

祕魯
1821
利馬◎

巴西
1822

玻利維亞
1825

安哥拉

里約熱內盧◎

智利
1818
聖地牙哥◎

阿
根
廷
1816
◎布宜諾斯艾利斯

開普
殖民地

福克蘭群島

時代總結 歷史地圖

約 19 世紀的世界

英國以壓倒性的工業實力牽動整個世界
不過，勢力逐漸抬頭的德國與美國不斷
奪殖民地，因而持續爆發爭端。此外，
多殖民地企圖脫離殖民地行列。

中國茶的製法

中國茶的製作方法從明代之後發生顯著的改變。先乾燥、搓揉、烘炒、重新乾燥、再發酵的方法，也成為現代紅茶的製法。

©PPS 通信社

俄羅斯帝國

新科

伊爾庫次克

⚔ 克里米亞戰爭
1853〜56

坦堡

曼
國

德黑蘭

波斯

北京

朝鮮

日本

江戶

南京　上海

長崎

清朝

蒙兀兒帝國
（1858 滅亡）

加爾各答

廣州

割讓香港
1842 南京條約

亞丁

印度

緬甸

暹羅
（泰國）

越南

孟買

馬德拉斯
（清奈）

錫蘭

可倫坡

檳城

馬六甲

新加坡

荷屬東印度

巴達維亞

爪哇

東帝汶

三比克

英屬澳大利亞

雪梨
（傑克森港）

紐西蘭

普拉西戰役 (→p.21)

英國與法國在印度展開殖民地戰爭後，勝利的英國持續推動工業化。另一方面，被課以重稅的殖民地不滿，引爆了美國獨立革命。持續推動國內改革的俄羅斯、普魯士與奧地利也逐漸抬頭。

©PPS 通信社

英國		法國
● 重要城市		葡萄牙
西班牙		
舊西班牙殖民地		舊葡萄牙殖民地
荷蘭		

加拿大

英國
倫敦 ◎ 巴黎 ◎ 柏林
聖彼
德意志
法國
奧匈希

美利堅合眾國
◎ 華盛頓

義大利

⚔ 南北戰爭
1861〜65

⚔ 摩洛哥危機
1905、1911

摩洛哥

利

古巴
（1902 保護國化）

⚔ 美西戰爭
1898

波多黎各
（1898 美）

墨西哥

法屬西非

幾內亞
奈及利亞

巴拿馬　委內瑞拉
哥倫比亞　圭亞那
喀麥隆

剛果自由邦
（1885〜1908）

祕魯　　巴西
安哥拉

玻利維亞
西南非洲

智利　阿根廷

南非聯邦
（1910）

開普敦

時代總結　歷史地圖
19世紀後半〜20世紀初期的世界

這個時代，歐美各國已在世界各地廣設殖民地。歐美各國與日本成功工業化之後，德國與美國透過第二次工業革命獲得力量，以強大的武力積取掠奪殖民地。

列強領土與勢力範圍
英國	西班牙
法國	葡萄牙
德意志	荷蘭
俄羅斯	義大利
美國	比利時
⚔ 主要戰爭	

美西戰爭（→p.35）

©PPS 通信社

美國與西班牙因爭奪殖民地而爆發的戰爭。古巴自西班牙獨立運動後趁機興起。原本是西班牙殖民地的古巴和菲律賓成為戰場。

俄羅斯帝國

斯科

克里米亞戰爭
1853～56

斯坦堡
占庭）

鄂圖曼帝國

政策

巴格達

開羅

科威特

海參崴

北京

青島

朝鮮
（1897）

日本

東京

清朝

南京

上海

印度帝國

加爾各答

香港

亞丁

孟買

仰光

法屬印度
支那

菲律賓
（1898 美）

太平天國之亂
1851～64

法紹達事件
1898

馬德拉斯

美西戰爭
1898

可倫坡

索馬利亞

3C政策

馬來聯邦

新加坡

荷屬東印度

莫三比克

印度大叛亂（→p.23）

©PPS 通信社

南非戰爭
1899～1902

西元1857年，英屬東印度公司的印度傭兵（印度土兵）帶頭叛亂。他們以彈藥包上塗有宗教不允許食用的動物油脂為起兵藉口，最後這場叛亂蔓延至整個北印度，並將平民百姓捲入戰爭。

澳洲

紐西蘭

1 歐洲重組與俾斯麥

> 西元19世紀中葉後，鄂圖曼帝國與奧地利對歐洲的統治力逐漸衰退，勢力範圍也重新調整。

俄羅斯發生什麼事？

1 近東問題與克里米亞戰爭

西元19世紀，鄂圖曼帝國的國力逐漸衰退，其統治下的各民族紛紛展開獨立運動。企圖擴大勢力與前進地中海的俄羅斯，因為缺乏冬天不會結凍的「不凍港」，因此推動南向政策，鄂圖曼帝國便首當其衝。歐洲列強將這種國際情勢稱為「**近東問題**」，對此提高警覺。

西元1831年土埃戰爭（→p.14）爆發後，名為支援鄂圖曼帝國，實為南侵的俄羅斯本欲參戰，卻因為英國的干涉被阻止。緊接著，西元1853年，俄羅斯以保護鄂圖曼帝國境內希臘正教徒為名義，入侵鄂圖曼帝國，引發**克里米亞戰爭**，結果在英國與法國參戰下敗北。西元1877年，俄羅斯在**俄土戰爭**中打敗鄂圖曼帝國，簽訂了有利於俄羅斯的《聖士提法諾條約》，但在西元1878年的柏林會議中重新簽訂了**《柏林條約》**，俄羅斯南侵的野心再度被阻止。

2 俄羅斯的改革

持續專制政治和農奴制[*1]的俄羅斯在克里米亞戰爭敗北後，深刻感受到近代化改革的必

用語解說

《聖士提法諾條約》

西元1878年，保加利亞的自治權以及鄂圖曼帝國轄下的羅馬尼亞、塞爾維亞、蒙特內哥羅的獨立獲得承認，使俄羅斯的勢力暫時擴張至巴爾幹半島。

柏林會議

奧地利與英國對《聖士提法諾條約》有異議，請求德國俾斯麥居中調停召開柏林會議。會中承認奧地利獲得波士尼亞與赫塞哥維納，以及英國占領賽普勒斯島。

▼頒布農奴解放令的亞歷山大二世
©PPS 通信社

要性。沙皇**亞歷山大二世**[*2]於西元1861年
頒布**農奴解放令**[*3]，承認農奴法律上的自
由，著手培育產業和工業。然而，隨著波
蘭獨立，沙皇再次強化專制政治。另一方
面，**知識分子階級**以城市為改革中心，而
民粹派[*4]則致力於啟蒙農民；雖然各種運
動遍地開花，最後卻遭鎮壓而失敗。

義大利與德意志如何統一？

1 義大利的統一

　　小國林立的義大利，在薩丁尼亞王
國**維托里奧·伊曼紐二世**[*5]與首相**加富爾**
的推動下，展開北義的統一大業。西元
1860年，出身「青年義大利黨」的加里
波底占領南方的兩西西里王國[*6]，隔年
在維托里奧·伊曼紐二世的統治下，義
大利王國成立。之後，雖然納入了威尼
斯與教宗國，但東北方的南提洛爾省仍
留在奧地利境內，因此被稱為「未收復
的義大利」。

2 德意志的統一

　　西元1834年，德意志邦聯（見第8
卷）發起由德意志各邦組成的**德意志關稅
同盟**，推動經濟上的整合。其中以統一
德意志為目標的普魯士首相俾斯麥與國
王**威廉一世**共同強行推動鐵血政策（軍
備擴充政策）。普魯士在**普奧戰爭**和**普法
戰爭**[*7]擊敗列強後，西元1871年成立以普

[*1]　農民在貴族的管理下毫無自由，必須
在指定的土地耕作，並繳納地租。

[*2]　俄羅斯帝國皇帝（在位期間西元1855
～81年）。推行近代化改革，但遭到民
粹派暗殺。

[*3]　承認農奴法律上自由的詔令。不過，
要取得土地必須擁有一大筆金錢，並請農村
公社擔任購買土地的保證人。農民雖然逃
離貴族的桎梏，卻又被農村公社所束縛。

[*4]　指反抗專制、推動社會主義改革的人
們。民粹派以「到群眾裡去」為口號，進
入農村公社進行啟蒙活動，卻無法引起農
民們的注意，反而被國家官員鎮壓。

[*5]　西元1820～78年。薩丁尼亞國王（在
位期間西元1849～61年）、首位義大利
國王（在位期間西元1861～78年）。

👤 加里波底（西元1807～82年）

©PPS通信社

組織名為「千人隊」的紅衫義勇軍，征服
兩西西里王國，再讓位給薩丁尼亞國王。

[*6]　從西元12世紀開始，統治義大利南部
及西西里島的王國。

👤 俾斯麥（西元1815～98年）

西元1862年接受威廉一世的任命成為普
魯士首相。德意志帝國成立後，巧妙透過
外交維持和平，成為歐洲國際政治中樞。

[*7]　從西班牙王位繼承問題，到拿破崙三
世開始宣戰的戰爭。拿破崙三世在色當被
俘後，普魯士陣營獲得最後勝利，並獲得
位於德國和法國國境的阿爾薩斯-洛林地
區。

▼德意志帝國的成立

威廉一世於凡爾賽宮登基成為德意志帝國皇帝。圖中身穿白色軍服的人就是俾斯麥。

©PPS通信社

魯士國王為皇帝的**德意志帝國**。為了在國內推動中央集權制度，俾斯麥鎮壓天主教徒和社會主義者。外交方面，透過柏林會議阻止俄羅斯南侵，並與奧地利、義大利組成**三國同盟**，企圖在國際上孤立法國。

③ 法國的第三共和國

第二帝國（見第8卷）在拿破崙三世於普法戰爭被俘後的西元1870年瓦解。取而代之的臨時（國防）政府宣布成立**第三共和國**，並鎮壓由民眾自發成立的自治政權**巴黎公社**[8]。

拿破崙三世
（在位期間西元1852～70年）

拿破崙一世姪子路易・拿破崙。透過國民投票被推舉為總統後，發動政變成為皇帝。藉由改造首都巴黎與對外發動戰爭，樹立法國威信。

[8] 西元1871年3月，由武裝起義的巴黎市民成立的自治政權。承受德國壓力的法國臨時政府於同年5月展開武力鎮壓。

克里米亞戰爭與南丁格爾

©PPS 通信社

翻開醫院的歷史，就會發現醫院與「戰爭」息息相關。尤其在談論現代護理師與醫療制度時，更不能不提到在克里米亞戰爭中，盡心盡力幫助他人的南丁格爾。

↑南丁格爾
（西元1820～1910年）

1 前往克里米亞戰爭的護理師

從西元1853年開始的克里米亞戰爭，造成許多人傷亡，經過英國報紙報導戰場慘況後，許多人自發性地捐款，於是這筆善款便成為派遣護理師前往戰場的基金。

當時在倫敦患病婦女護理會服務的佛羅倫斯·南丁格爾申請前往戰場，與其他三十八位修女和女性護理師，一同前往鄂圖曼帝國的斯庫塔里（現今土耳其的於斯屈達爾）。

©PPS 通信社

↑克里米亞戰爭
俄羅斯與鄂圖曼帝國、英國、法國之間的戰爭，是一場死傷慘重的戰爭。

前往戰地醫院的護理師遭遇極大難關，因為英國陸軍認為女性護理師會導致軍紀敗壞，所以對女性護理師們抱持否定的態度，而且醫院極端不衛生，物資嚴重不足。這些護理師一開始只能打掃醫院廁所，所以有些護理師選擇回國，但南丁格爾卻不放棄。

2 醫院的改革

隨著戰況惡化，負傷者不斷增加。南丁格爾認為，傷亡人數持續增加的原因，除了在戰場受傷之外，醫院照顧不當也是問題之一，所以會有這麼多士兵死亡。

面對這個情況，軍方總算允許女性護理師照顧病患。南丁格爾一邊奮不顧身地照顧患者，一邊推動醫院改革。首先，她將醫院整頓成清潔的環境，再重新設計醫院伙食。由於她半夜經常提著燈巡視病房，所以又被稱為「提燈天使」。

↑南丁格爾巡房的情景
她將醫院牆壁漆成白色，防止細菌繁殖，並為士兵準備熱湯。

3 南丁格爾的功績

南丁格爾在戰爭結束回國後，決定將自己的一生獻給改革軍隊醫療制度與護理師的培育。

南丁格爾為了證明自己的理論，蒐集許多統計資料，在報告之中植入圖表，讓別人更了解自己的理論。

西元1860年，南丁格爾護士學校成立，南丁格爾也是負責的經營者之一，近代護理教育至此正式開啟。

讚賞南丁格爾義行，為此設立紅十字會的亨利・杜南（西元1828～1910年）因此得到第一屆諾貝爾和平獎。

南丁格爾雖然未加入紅十字運動，不過以她為名的佛羅倫斯・南丁格爾獎章於西元1920年創立，主旨在於表彰對醫護有極大貢獻的人。

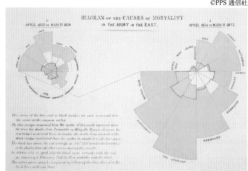

↑分析士兵死因的統計圖表

↑創校當時的南丁格爾護士學校　現代護理師制度可說是從這裡開始。

２ 鄂圖曼帝國的衰退與阿拉伯世界的覺醒

在鄂圖曼帝國的領土發生了什麼事？

進入西元19世紀之後，鄂圖曼帝國為了各民族的獨立運動與歐洲勢力的侵略非常煩惱。

１ 不斷縮減的領土

逐漸衰退的鄂圖曼帝國在**第二次維也納圍攻**[*1]失利之後，西元17世紀末期將匈牙利讓給奧地利；西元18世紀後半又被南侵的俄羅斯奪走黑海北岸。

２ 阿拉伯半島的瓦哈比派王朝

西元18世紀中葉，阿拉伯半島提倡回歸伊斯蘭原旨的瓦哈比教派活動逐漸活絡，其與阿拉伯世族沙特家族一同建立了**瓦哈比派王朝**，此舉刺激了阿拉伯人的民族意識。

[*1] 西元1683年，為了匈牙利統治權與奧地利對立的鄂圖曼帝國，包圍奧地利首都維也納的戰爭。鄂圖曼帝國軍被奧地利和波蘭聯軍擊潰。

▼鄂圖曼帝國不斷縮減的領土

鄂圖曼帝國喪失的領土
- 1683～1718 年
- 1718～1811 年
- 1811～1878 年
- 1878～1912 年
- 1912 年的鄂圖曼帝國領土

波蘭　俄羅斯　匈牙利　黑海　裏海　薩洛尼卡　伊斯坦堡　安卡拉　希臘（1830年獨立）　阿爾及利亞　突尼西亞　地中海　大馬士革　巴格達　波斯　的黎波里塔尼亞　昔蘭尼加　埃及　紅海　瓦哈比派王朝（阿拉伯）

③ 埃及的獨立與近代化

西元1798年占領埃及的法軍，與英軍、鄂圖曼軍隊交戰後敗北。在此役嶄露頭角的鄂圖曼帝國的軍人穆罕默德‧阿里後來成為埃及總督，握有實權。阿里為了富國強兵，推動農業的近代化，包括棉花的種植與灌溉工程，並組織軍隊，因此能在後來的**土埃戰爭**[2]擊潰鄂圖曼帝國。

④ 英國收購蘇伊士運河

阿里死後，埃及在法國協助下建立了蘇伊士運河[1]（→p.40），連接地中海和印度洋，使埃及的重要性相對提高。然而，因為急速近代化與戰爭，埃及債臺高築，財政被英國與法國控制。西元1881年，埃及軍官**阿拉比**以「建立埃及人的

穆罕默德‧阿里（西元 1769～1849 年）

©PPS 通信社

鄂圖曼帝國的軍人，之後創立穆罕默德‧阿里王朝，推動埃及近代化。與拿破崙的埃及遠征軍交戰，被任命為埃及總督。見識到英軍和法軍的強大後，為了推動中央集權，大量虐殺馬姆魯克（鄂圖曼帝國的奴隸軍人）。因鄂圖曼帝國的請求消滅了瓦哈比派王朝，並為了敘利亞統治權與鄂圖曼帝國交戰。

[2] 埃及與鄂圖曼帝國曾為了敘利亞的統治權兩次交戰。西元1831～33年，俄羅斯支援鄂圖曼帝國，但英國與法國阻擾俄羅斯南下，埃及於是占領了敘利亞。西元1839～40年，鄂圖曼帝國攻擊埃及，法國支援埃及，但對俄羅斯與法國有所警戒的英國介入其中，導致原本居於有利地位的埃及敗北，不得不放棄敘利亞的統治權。

▼現今的蘇伊士運河

©PPS 通信社

埃及」為口號起義，但英國獨立出兵鎮壓，將埃及納為保護國。

⑤ 鄂圖曼帝國的近代化政策

西元1839年，鄂圖曼帝國的**阿卜杜勒邁吉德一世**開始推動近代化與西歐化改革，稱為坦志麥特⚟，意思是「重組」，希望打造近代化國家，但是從歐洲流入的工業商品讓國內產業衰退。西元1876年，大宰相米德哈特帕夏▲起草「**米德哈特憲法**」，隔年並開設議會。希望施行專制政治的阿卜杜勒哈米德二世藉著俄土戰爭（→p.8）停止憲法與解散議會，於是當鄂圖曼帝國被俄羅斯打敗後，便因西元1878年的《柏林條約》損失歐洲地區的大半領土。

⑥ 伊朗與阿富汗的狀況

西元18世紀末期，伊朗高原在薩法維波斯帝國滅亡後，出現了**卡扎爾王朝**。因遭受俄羅斯攻打高加索地區（夾在黑海與裏海之間的地區），西元1828年被迫簽訂不平等的**《土庫曼恰伊條約》**。而國內則有主張社會改革的巴比教⚟教徒叛亂。

在卡扎爾王朝東側的阿富汗地區，為了阻止俄羅斯南下，保護印度殖民地的英國於西元1838年引爆第一次英阿戰爭，第二次英阿戰爭（西元1878～80年）後，阿富汗王國的外交權被奪，成為英國的保護國。

📌 用語解說

🔼 蘇伊士運河

西元1869年完工，是埃及和法國共有的運河。不過，因為美國南北戰爭結束後，棉花出口額度減少，所以運河通行費收入比預期少，埃及便宣布賣掉運河股票。西元1875年，英國收購該股票，增加對埃及的介入。

🔼 坦志麥特

西元1839年，阿卜杜勒邁吉德一世透過《花廳御詔》宣布「法律之前人人平等」的西歐式近代化改革。其中「花廳」指的就是托普卡匹皇宮的玫瑰園。

👤 **米德哈特帕夏**（西元 1822～84 年）

©PPS 通信社

鄂圖曼帝國的大宰相，被專制的阿卜杜勒哈米德二世流放到國外。

📌 用語解說

🔼 巴比教

伊朗一帶新興的伊斯蘭教派。提倡救世主（馬赫迪）的社會改革，鼓吹農民和中小商人等信徒起義。西元1850年被政府軍鎮壓，創始教祖被處死。但巴比教延續至今，以巴哈伊教為人所知。

西元18世紀末，乾隆帝退位後，清朝就為內亂和英國侵略所苦。

3 清朝的衰退與東亞動盪

英國如何侵略清朝？

① 白蓮教之亂

　　西元18世紀的清朝在乾隆帝治世之下，人口從一億激增至三億，領土也擴張至最大，但西元1796年四川爆發白蓮教之亂 ，社會籠罩在不安之下，列強也頻頻前進中國。清朝只允許歐美各國在廣州貿易，且必須透過公行（擁有特權的商人所組成團體）進行交易（見第6卷）。西元1792年，英國派遣**馬戛爾尼**到清朝。隔年，馬戛爾尼向清朝要求開放廣州以外的港口，以便進行自由貿易，但沒得到清朝允許；西元1816年英國又派遣了阿美士德前往，只是這次連交涉都未曾展開。

② 三角貿易與鴉片戰爭

　　身為清朝主要貿易對象的英國，對中國茶的需求越來越高，但英國棉製品卻無法在中國銷售，貿易逆差的情況遲遲無法改善。為了解決這個問題，英國從西元19世紀開始，將殖民地印度生產的鴉片運至中國，開始所謂的三角貿易。鴉片走私越來越猖獗，造成大量白銀從中國流出，因此以白銀繳納的稅金和物價不斷

用語解說

① 白蓮教之亂

西元1796～1804年，在四川、湖北省周遭各地出現的暴動。白蓮教是帶有彌勒信仰與摩尼教色彩的民間宗教，移居至邊疆地帶的民眾為了反抗重稅與鎮壓而群起暴動。遲遲無法平息暴動的清朝在財政上出現窘迫，於是義勇軍（鄉勇）起而取代正規軍。

用語解說

① 鴉片

將罌粟果實的汁液凝固而成的毒品。主要成分為經常當成止痛劑使用的嗎啡。西元17世紀後半開始，以煙管吸食鴉片的惡習普及中國，清朝為此多次頒布禁令。

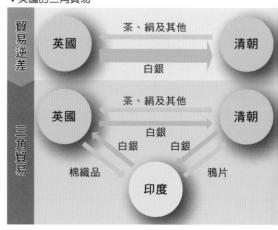

▼英國的三角貿易

貿易逆差：英國 —茶、絹及其他→ 清朝；清朝 —白銀→ 英國

三角貿易：英國 —茶、絹及其他→ 清朝；英國 —白銀、棉織品→ 印度；印度 —白銀、鴉片→ 清朝；清朝 —白銀→ 英國

▼在鴉片戰爭中，被英國軍艦攻擊的清朝船隻。

©PPS 通信社

高漲，而且鴉片成癮者持續增加，治安也逐漸敗壞。西元1839年，清朝的林則徐▲在廣州取締鴉片，對此不滿的英國以保護自由貿易為名，在西元1840年掀起**鴉片戰爭**。

> 👤 林則徐（西元 1785 ~ 1850 年）
>
> 清朝末年的政治家。為了解決官員收受賄賂而縱容的鴉片走私問題，道光帝（在位期間西元1820~50年）命令林則徐擔任欽差大臣（執行特定任務，直屬皇帝的官職），在廣東強行銷毀鴉片，卻因此引起鴉片戰爭，林則徐也被罷黜。之後雖因太平天國之亂重返官場，卻於行軍之際病故。

鴉片戰爭之後，中國發生了什麼事？

① 與歐美各國簽訂條約與亞羅號戰爭

在鴉片戰爭中敗北的清朝，西元1842年被迫與英國簽訂**《南京條約》**[*1]，內容除了割讓香港島，還被迫開放上海、廣州等其他三個港口。隔年再度簽訂了許多**不平等條約**[*2]。西元1856年，企圖修改條約的

[*1] 條約包括開放廣州、上海、福州、廈門、寧波等地的港口；割讓香港島給英國；兩千一百萬兩的賠款，以及廢止公行。

[*2] 包括領事裁判權（治外法權）、協定關稅（喪失關稅自主權），以及被迫允許設立租界（享有特權的外國人居住地）。

英國和法國故意引發**亞羅號戰爭**，藉機占領廣州，在西元1858年與清朝簽訂

《天津條約》[3]。由於清朝拒絕履行此約，於是英國與法國再度出兵，清朝被迫在西元1860年簽訂《北京條約》[4]。俄羅斯於西元1858年與清朝簽訂《璦琿條約》，占有黑龍江以北的地區，而《北京條約》讓俄羅斯獲得沿海省分，進而建設海參崴港。

❷ 太平天國之亂與洋務運動

　　鴉片戰爭後，沉重的賦稅與失業人口增加導致暴動四起。洪秀全👤率領拜上帝會建立太平天國，在西元1851年起兵（**太平天國之亂**）。打著「滅滿興漢」（推翻滿族建立的清朝，振興漢族之意）的口號，在西元1853年將南京訂為太平天國的首都，制定天朝田畝制度（土地均分制度），並開始揮軍北上。之後太平天國因內亂而衰敗，也因此被**曾國藩**[5]與**李鴻章**[6]率領的義勇軍（鄉勇）擊敗。西元1860年《北京條約》簽訂後，外國人率領的常勝軍也協助鎮壓。

　　太平天國滅亡後，清朝在同治帝（在位期間西元1861~75年）的統治下，內政與外交得到一時的安定（史稱同治中興），對鎮壓叛亂有功的曾國藩、李鴻章、**左宗棠**[7]提出「中體西用（中華文明為主體，西洋文明為手段）」的標語，採行汲取西方知識與技術的富國強兵政策，推行所謂的**洋務運動**。

[3] 必須支付英國、法國六百萬兩的賠款，並開放南京、漢口與其他八個港口，同時接受外國公使常駐於北京。

[4] 賠款增至八百萬兩，開放天津的港口，同時將九龍半島割讓給英國。

👤 **洪秀全**（西元 1813 ~ 64 年）
廣東省客家人，科舉失敗後，自稱是基督之弟，組織宗教團體。攻擊儒教和民間信仰，反抗清朝的統治，並自稱天王。清朝開始反擊後，在南京淪陷前病亡。

[5] 西元1811~72年。將地主階級的同學和子弟拔擢為軍官，在湖南省組織湘軍。建立西式兵工廠，推行洋務運動。

[6] 西元1823~1901年。在故鄉組織義勇軍淮軍，並將軍隊培育成配備近代化軍備，號稱清朝最強的軍隊。鎮壓太平天國後，成為清朝最具實力的官員，不斷推動洋務運動。中日戰爭後，全權負責西元1895年的《馬關條約》（→p.30）。

[7] 西元1812~85年。率軍鎮壓太平天國軍隊，在福州設立造船廠。此外，以陝甘總督的身分，鎮壓穆斯林引起的暴動。

▼李鴻章

©PPS 通信社

造成王朝滅亡危機的
中國百姓暴動史

©PPS 通信社

　　右側的銅錢是太平天國發行的貨幣。在中國，
每當一個朝代接近末年，經常出現百姓造反的情
況。農民造反有時會使王朝滅亡，這類造反具有接
近革命的性質。現在，就讓我們一起來了解中國百
姓造反的歷史。

↑太平天國發行的貨幣

1　陳勝、吳廣之亂

　　西元前209年，農民為了反抗秦朝的暴政而起義。這是中國史上首次由農民
帶頭的叛亂。位居核心的陳勝和吳廣都是農民，兩人組織的農民軍最後雖遭鎮
壓，但後繼起兵的劉邦和項羽卻成功推翻秦朝。

2　黃巾之亂

　　西元184年東漢末年，由張角率領宗教組織「太平道」起兵叛亂。由於信徒
皆頭綁黃巾，所以被稱為黃巾之亂，這是百姓不滿東漢官場收賄亂象，以及宦
官造成政治腐敗所引發的造反。黃巾之亂蔓延各地，世族各據山頭，造成東漢
在西元220年滅亡。

3　黃巢之亂

　　西元875年唐代末年，由黃巢率
領的農民起兵反叛，史稱黃巢之亂。
黃巢是販賣私鹽的人，因唐朝加強取
締私鹽，所以引起這場暴動。當時飽
受蝗災之苦的農民紛紛加入造反行
列。叛軍雖然一時攻陷長安，之後仍
被唐朝官軍壓制。這場黃巢之亂使貴

朝代	年代	叛亂	人物
秦	前 209～前 208 年	陳勝、吳廣之亂	陳勝、吳廣
東漢	184～215 年	黃巾之亂	張角等人
唐	875～884 年	黃巢之亂	黃巢
元	1351～66 年	紅巾軍之亂	韓山童等人
明	1631～45 年	李自成之亂	李自成
清	1796～1804 年	白蓮教之亂	—
清	1851～1864 年	太平天國之亂	洪秀全

↑中國百姓造反史

族沒落，也讓唐朝步上衰敗之路，最後在西元907年滅亡。

19

4 紅巾軍之亂

　　西元1351年元朝時期，白蓮教徒（→p.16）帶頭的農民暴動。當時黃河氾濫，元朝命令農民無償修復；反抗這道命令的農民由韓山童帶頭起義。由於叛軍以頭綁紅巾為記號，所以被稱為「紅巾軍」。首謀韓山童被殺後，由其子韓林兒繼承遺志，暴動遍及全國。在這些造反勢力中竄出的，便是朱元璋。朱元璋原本是紅巾軍的一員，但在得到越來越多支持後，反過來攻擊白蓮教徒，平定叛亂，在西元1368年即位為皇帝，建立明朝。

5 李自成之亂

　　明朝末年農民造反四起，李自成投身叛軍，轉戰各地。西元1643年占領西安，接著攻陷北京，明朝因此滅亡。不過，無法節制軍隊的李自成，被借重女真族後金（清）之力的吳三桂軍隊所擊潰。

6 白蓮教之亂

　　西元1796年，清朝也暴發白蓮教之亂。白蓮教徒從紅巾軍起義開始屢屢反，但清軍無力徹底鎮壓，最後借助地方士紳組織的義勇軍（鄉勇）鎮壓。這場暴動使清朝步上衰退之途。

©PPS通信社

7 太平天國之亂

　　西元1851年，以洪秀全為首的大規模農民造反（→p.18）。洪秀全以南京為首都，建立了太平天國。得到農民支持、聲勢日漸壯大的太平天國，因為外國軍隊介入而於西元1864年滅亡。

↑ 太平天國之亂的情景

4 印度、東南亞的殖民地化

> 進入西元18世紀後，印度與東南亞各國就被英國、法國與荷蘭侵略併吞。

英國如何侵略印度？

❶ 英國與法國在印度的對立

西元17世紀，歐洲對**棉布**[*1]的需求增加，使支付交易貨款的白銀大量流入印度，導致以交換農產品為主要貿易的印度社會發生重大變化。英屬東印度公司[!]在孟買和加爾各答設立據點；法國則將昌德納加（或譯金德訥格爾）建設成要塞，並設立貿易所需的商館。

西元1707年，將蒙兀兒帝國[!]版圖擴增至最大的第六代皇帝奧朗則布（見第6卷）辭世後，各方勢力的爭鬥漸趨白熱化，介入其中的英國和法國的東印度公司，為了擴張對印度的統治權也發生衝突。英屬東印度公司在**卡那提克戰爭**[*2]與普拉西戰役[!]擊潰法國，西元1765年得到孟加拉與比哈爾邦的徵稅權，進一步強化對印度的統治權。

❷ 英屬東印度公司的侵略戰爭

西元18世紀，信仰伊斯蘭的蒙兀兒帝國衰敗後，長期被壓制的非伊斯蘭地方勢力跟著抬頭，其中包括由印度教諸侯組成的馬拉地聯盟，以及日後伊斯蘭化的南部邁索爾王國（印度教）、西部拉傑普塔納（印度教）、西北部錫克王國（錫克教）。

不過，英屬東印度公司在**邁索爾戰爭**[*3]、**馬拉地戰爭**[*4]、**錫克戰爭**[*5]及其

用語解說

(!) 英屬東印度公司

西元1600年設立的貿易公司，獨占印度與中國的交易。擁有軍事力量後，負責統治殖民地印度。

(!) 蒙兀兒帝國

西元1526年以德里為首都的王國，也是印度最後一個伊斯蘭王國。西元1858年被英國消滅。

(!) 普拉西戰爭

西元1757年，英屬東印度公司在印度東北地區擊敗孟加拉王公與法國的聯合軍隊。

[*1] 以棉線織成的織品。
[*2] 英國與法國在南印度卡那提克地區進行的三次戰爭。
[*3] 西元1767年開始，英國與邁索爾王國之間連續四次的戰爭。最終在西元1799年由英國獲勝。
[*4] 西元1775～1818年為止的三次戰爭中，英國擊敗在中印度組成的馬拉地聯盟，設立馬拉地土邦。
[*5] 西元1845～1849年，歷經兩次戰爭後，印度西北部的錫克王國敗給英國，由英國直接統治這個地區。

他戰爭全數獲勝，以土邦[註]形式間接統治部分地區。西元19世紀中葉前，英國鎮壓了整個印度，將印度全境納為殖民地。

▼混亂的印度（1805年）

英屬東印度公司扮演何種角色？

① 印度的產業變化

　　英屬東印度公司的主要收入為地稅。以現金繳納的重稅，使印度地方社會苦不堪言。自西元17世紀以來，原本在歐洲極受歡迎的印度棉布，在工業革命後被英國

用語解說

📖 土邦

在英國殖民時代，印度國內近六百處傳統地方勢力雖保留了自治權，卻被迫交出外交和國防權力，等同於被英國間接統治。這些地區被稱為「土邦」，面積約印度國土的三分之一，且重要城市都被指定成為英國的直轄殖民地。

機械生產的棉布取代,到了西元1810年,貿易收支已經出現逆轉。為了弭平貿易逆差,英國決定將殖民地印度生產的**鴉片**輸出至中國。印度的傳統棉織工業荒廢後,農村改以優先耕種**茶葉**、**棉花**、**木藍**[*6]等經濟作物。

> [*6] 主要是從印度原產的豆科植物榨取藍色染料,又稱為靛青。

另一方面,因工業革命力量逐漸壯大的產業資本家,開始對獨占亞洲貿易的英屬東印度公司提出自由貿易的要求,到了西元1813年,英屬東印度公司的貿易獨占權被廢止,西元1834年停止所有商業活動。

② 印度大叛亂與英國直接統治

英屬東印度公司課以重稅使印度地方社會荒廢,經濟停滯不前。土邦對於英國的統治越來越不滿。西元1857年,東印度公司的印度傭兵(俗稱**印度土兵**)群起造反,印度大叛亂[ㄩ]蔓延至印度全境。印度土兵雖然擁立蒙兀兒帝國皇帝巴哈杜爾·沙二世,卻因為缺乏一致性的目標及指揮系統,隨後被英國鎮壓。

西元1858年,蒙兀兒帝國皇帝巴哈杜爾·沙二世被流放至緬甸仰光,蒙兀兒帝國隨之滅亡。英國追究責任後**解散東印度公司**,決定由英國政府直接統治印度。西元1877年,英國成立以**維多利亞女王**[♟]為女皇的**印度帝國**。

> **用語解說**
>
> (!) 印度大叛亂
>
> 英屬東印度公司的二十四萬名士兵中,有二十萬名是俗稱「印度土兵」的印度傭兵,印度大叛亂便是以他們為核心。英國動員了錫克兵、伊朗兵、尼泊爾兵前往鎮壓。

▼兼任印度女皇的維多利亞女王

©PPS 通信社

維多利亞女王(西元 1819 ~ 1901 年)

十八歲登基成為英國女王後,統治極度繁榮的「大英治世」時代。維多利亞女王本身是德國裔,丈夫也是德國人,兩人育有九名子女。德意志帝國皇帝威廉二世是她的孫子;俄羅斯帝國皇帝尼古拉二世的皇后則是她的孫女。

東南亞各國如何被統治？

1 歐洲勢力在東南亞的版圖變化

西元16世紀後，為了尋求胡椒和丁香等辛香料，葡萄牙和西班牙前往印度與東南亞，獲得的財富多由國王獨占。西元17世紀後，以東印度公司這種新型態的手法，將觸角伸入亞洲的荷蘭與英國，憑藉著軍事力量有計畫地、連續地獲得領土，同時進行農產品和礦物資源的開發。

2 荷蘭與英國的統治

西元16世紀末，抵達**爪哇島**的荷蘭在巴達維亞（現今印尼首都雅加達）設立據點，從事辛香料貿易。西元1623年，**安汶島事件**[*7]爆發後（見第8卷），英國勢力從印尼撤退，荷蘭便開始計畫取得領土。西元1755年，馬打蘭王國[*8]滅亡，爪哇島的土地多半成為荷蘭的殖民地。西元18世紀末，荷屬東印度公司倒閉，取代荷屬東印度公司統治爪哇島的荷蘭政府施行定植制度[①]（強迫耕種制度），命令當地農民栽植咖啡、甘蔗與木藍等經濟作物，因此獲得龐大利潤，但農村卻為飢餓所苦。

另一方面，為了取得連接印度與中國的中繼地，英國揮軍馬來半島，西元1826年將**新加坡**、**檳城**、**馬六甲**三處港灣城市建立成**海峽殖民地**。接著，侵略內陸，西元1895年將馬來半島大部分地區設立為馬來聯邦[①]，並獲得汶萊等北婆羅洲。在緬甸方面，英國與版圖最大的貢榜王朝[*9]發生三次**英緬戰爭**，最後在西元1886年將其併入印度帝國。

[*7] 西元1623年，摩鹿加群島的安汶島發生「英國商館人員疑似利用日本傭兵襲擊荷蘭商館」，導致荷蘭人處死二十名英國商館人員的事件。為此，英國轉而致力於殖民地印度的統治。

[*8] 西元16世紀之後，統治爪哇島東部的伊斯蘭王國。

[*9] 西元1752年，雍笈牙建立的王朝，也是緬甸最後一個王朝。因為征服印度阿薩姆地區與英國對立，之後於英緬戰爭中滅亡。

用語解說

定植制度

荷蘭政府在鎮壓爪哇王族的叛亂之後財政惡化，從西元1830年開始命令每個村莊種植經濟作物，並以低廉價格收購，接著透過出口這些作物謀取龐大利潤。荷蘭政府雖然藉此重振財政，但是將五分之一的耕地用於強迫耕種的結果，就是頻頻出現因為糧食不足而餓死的百姓。

馬來聯邦

英國與馬來半島四個伊斯蘭國家簽訂協約，以保護國方式間接統治的地區。英國在當地開發錫礦之外，並種植從巴西帶來的天然橡膠。

24

東南亞的殖民地化

圖例	
-----	現在的國境
	英國領土
	荷蘭領土
	法國領土
	美國領土
	葡萄牙領土
	日本領土

＊數字為主要取得年代

（地圖標示）

- 孟加拉
- 緬甸 1886
- 東京保護國 1883
- 清朝
- 澳門（葡）
- 香港1842（英）
- 廣州灣1899（法）
- 臺灣 1895（日）
- 寮國
- 河內
- 暹羅（泰國）
- 仰光
- 曼谷
- 順化
- 呂宋島
- 馬尼拉1571（西）
- 法屬印度支那聯邦
- 柬埔寨
- 金邊 1863
- 西貢 1862
- 交趾支那 1867
- 菲律賓 1898年成為美國領土
- 安達曼群島 1858
- 尼科巴群島 1869
- 泰國灣
- 民答那峨島
- 北婆羅洲 1888
- 汶萊
- 砂勞越
- 馬來聯邦 1895
- 亞齊
- 新加坡 1824（英）
- 婆羅洲
- 摩鹿加群島
- 蘇門答臘島
- 荷屬東印度
- 巴達維亞 1619（荷）
- 爪哇島
- 安汶
- 帝汶島 1859（葡）
- 南　海
- 太平洋

❸ 西班牙與法國的統治

　　西元16世紀中葉，入侵菲律賓的西班牙強迫當地居民改信天主教。西元1834年開港的**馬尼拉**[*10]發展成國際貿易港。生產甘蔗、麻蕉、菸草等經濟作物的**大農莊制度**[*11]盛行。

[*10] 西元**1571**年，由西班牙建設後，直到西元**1834**年之前，都由西班牙獨占使用權。馬尼拉被當成是墨西哥阿卡波可的銀與中國的絹、陶瓷器交易的中繼貿易據點。

[*11] 在熱帶、亞熱帶地區施行單一作物栽培的大型農園。

在越南，接受法國傳教士支援的阮福映統一越南，建立了**阮朝**[*12]（越南國），被清朝封為國王後，阮朝成為清朝的朝貢國。西元19世紀中葉，法國開始入侵越南，害怕歐洲侵略的阮朝則開始打壓基督教。法國以此為出兵藉口，在西元1867年占領越南南部。由於北部有劉永福的黑旗軍負隅頑抗，所以法國往北部進軍，透過簽訂《順化條約》將越南納為**保護國**。

西元1884年，身為宗主國[*13]的清朝不承認此條約，派兵前往越南，卻在**中法戰爭**被法國打敗，只好承認法國將越南納為保護國的事實。西元1887年，由越南與柬埔寨組成的**法屬印度支那聯邦**成立。西元1899年，寮國被納入聯邦，形同法國統治印度支那半島的東半部。

❹ 保持獨立的泰國

西元18世紀末，從**卻克里王朝**[*14]開始的泰國，在西元19世紀後，拉瑪四世[*15]推動與歐美各國的自由貿易，開始出口白米。此外，朱拉隆功（**拉瑪五世**）利用夾在英國領地與法國領地之間的位置保持獨立，並從國外聘請專家，推動行政、法律、教育、財政的近代化。

👤 阮福映（西元 1762～1820 年）
在被前政權的西山勢力滅族時潛逃至暹羅（泰國），於暹羅遇見拉瑪一世與法國傳教士皮諾，接受他們的幫助，推翻西山朝。建立阮朝後，成為清朝的附屬國，自稱嘉隆帝。

[*12] 西元1802～1945年。越南最後的王朝。從西元1804年開始，對宗主國清朝以「越南國」的國號自稱。

[*13] 擁有附屬國主權的國家。

[*14] 或稱曼谷王朝。西元1782年，由軍隊領導人卻克里（拉瑪一世）建立，延續至今的泰國王朝。

[*15] 西元19世紀的泰國國王（在位期間西元1851～68年）。西元1855年，與英國簽訂不平等條約，隔年又與法國、美國簽訂不平等條約，但不斷推動自由貿易與近代化政策，保持泰國獨立。

👤 朱拉隆功（西元 1853～1910 年）
朱拉隆功是他的小名，年僅十五歲便登基，成為拉瑪五世。視察外國情勢後，深知自己國家的落後，於是著手廢除奴隸制度，推動與行政、教育、交通相關的近代化改革。將馬來半島的一部分讓給英國；將寮國與柬埔寨讓給法國，藉此維持泰國獨立。

朱拉隆功 ▶

©PPS 通信社

5 日本明治維新與對外侵略

歐美列強掀起侵略亞洲的浪潮後，西元19世紀中葉的日本一併跟進。

被迫打開國門的日本，進行了哪些改革？

❶ 黑船來航與《日美修好通商條約》

在太平洋捕鯨的美國，將日本當成水和糧食的補給地，以及與中國貿易的中繼站。當時的日本只與荷蘭、清朝、朝鮮有邦交，是由江戶幕府獨占貿易的「鎖國」狀態，但是美國東印度艦隊司令官**培理**[1]率領四艘軍艦抵達浦賀[2]，迫使日本政府開港。西元1854年，幕府在象徵壓倒性軍事力量的軍艦(黑船)前，簽訂了《日美和親條約》[3]，接著又在西元1858年簽訂了不平等的《日美修好通商條約》[4]。

[1] 西元1794～1858年。歷時八個月，從美國東海岸繞行地球四分之三圈抵達日本。
[2] 位於現今日本神奈川縣橫須賀市東部的地名。
[3] 此條約決定開放日本下田和箱館(函館)的港口、提供美國船隻燃料和糧食，以及最優惠國的待遇。

🔍

用語解說

📖 《日美修好通商條約》

規定日本開放包括神奈川、長崎、新潟、兵庫的港口，承認領事裁判權、喪失關稅自主權的不平等條約。雖然日本與荷蘭、俄羅斯、英國、法國簽訂了同樣的條約，但這是在未得到天皇欽許的情況下簽署，所以日本國內的對立也日漸加深。

❷ 日本國內的近代化改革與外交政策

在日本國內，下級武士興起推翻幕府的運動。第十五代將軍德川慶喜將政權還給朝廷後，明治政府在西元1868年成立(**明治維新**)。明治政府以普魯士的軍備擴充政策(→p.9)為藍圖，加速工業與軍事的近代化，並制定了《大日本帝國憲法》、成立兩院制議會，進行各種近代化的制度改革。此外，建設了富岡製絲廠🏛等官營工廠，致力發展出口產業。

西元1871年，為了日後得以修改不平等條約，岩倉使節團(→p.39)前往拜訪美國與歐洲各國，日本也從這個時候開始向外侵略。使節團歸國後的西元1874年向臺灣出兵[4]，西元1875年

[4] 明治政府以漂流到臺灣的琉球船員被殺害為藉口，首次向海外出兵。

西元1872年（明治5年）在群馬縣富岡市創立，是當時全世界規模最大的製絲紡織工廠。三百位女性在法國技師保羅‧伯內特的指導下工作，將技術傳至各地的製絲廠。

朝鮮發生**江華島事件**[*5]後，西元1876年，簽訂有利於日本的《日朝修好條規》（→p.29），或稱《江華條約》。

　　西元1875年，江戶時代已產生的庫頁島（日本稱為樺太）與千島的歸屬問題，日本透過樺太、千島交換條約，將庫頁島定為俄羅斯領土，千島列島的得撫島以北定為日本領土。西元1876年，日本宣布小笠原諸島為日本領土；西元1879年，又將歷史上歸屬於日本與中國的琉球，訂為日本的沖繩縣。

[*5] 在朝鮮首都漢城（首爾）附近河口的江華島水域進行測量的日本軍艦，遭到朝鮮炮擊，日本因此予以反擊，並占領周邊的事件。

以中國為中心的東亞體制如何崩壞？

❶ 東亞國際秩序的崩壞

　　鴉片戰爭（→p.17）之後，歐美列強不斷侵略東亞，使以清朝為中心的東亞關係（**朝貢體制**[*6]）逐漸瓦解。亞羅號戰爭（→p.17）後，清朝雖於西元1861年在北京設立負責對外交涉的總理各國事務衙門（總理衙門），但從西元1879年日本占領琉球，以及西元1884年的中法戰爭，承認法國統治越南（→p.26）的事實，可以看出清朝的影響力減弱。

　　西元1860年代之後，朝鮮被歐美各國敲開鎖國大門，國王高宗之父**大院君**雖然推動鎖國政策，王妃一族的**閔氏**卻罷黜大院君，並在江華島事件（→p.28）之後與日本簽訂**《日朝修好條規》**[*7]。此外，親近清朝的事大

[*6] 周邊各國的統治者派遣朝貢使節前往中國，中國皇帝授予官位、官印與禮品，締結君臣關係，承認各地統治者為「王」的體制。

[*7] 要求朝鮮開放釜山、元山、仁川的港口，允許日本設立公使館與領事館。

[*8] 又稱壬午軍亂。西元1882年，不滿閔氏一族的軍隊在漢城（首爾）進行的武裝叛變。日本大使館在這場兵變中被燒毀，朝鮮政權也回到大院君的手上，但在清朝介入下，閔氏又重掌政權，日本與清朝之間的對立更加深化。

[*9] 西元1884年，得到日本撐腰的開化派希望朝鮮脫離清朝獨立，打倒閔氏與加速近代化改革的政變。一時之間雖然掌握了政權，卻因為清軍介入，金玉均與其黨人紛紛流亡至日本。

👤 金玉均（西元 1851～94 年）
考上科舉後，西元1882年前往日本留學，在福澤諭吉的慶應義塾研究學問。希望仿效日本明治維新讓朝鮮脫離清朝獨立，推動朝鮮的近代化。雖然帶頭進行打倒閔氏的甲申政變，卻因為清朝介入而失敗，不得不逃亡至日本，最後在上海被閔氏派來的刺客暗殺。

黨（以閔氏為首的保守派，又稱守舊黨）與接受日本幫助、企圖讓朝鮮獨立的金玉均👤的開化派形成對立。**壬午兵變**[*8]與**甲申政變**[*9]等反對閔氏的內亂不斷爆發，清朝與日本的介入也加深了中日之間的對立，西元1885年，中日兩國簽訂《天津條約》後，議定彼此從朝鮮撤兵。

❷ 中日戰爭

　　西元1894年，朝鮮的全琫準發動**甲午農民戰爭**[1]（東學黨之亂），閔氏主持的朝鮮政府向清朝求援，日本也因此出兵。平定叛亂後，兩

📌 用語解說

❗ 甲午農民戰爭
由東學黨（崔濟愚鼓吹的新宗教）幹部煽動農民起義。全琫準率領農民襲擊郡廳，之後被朝鮮政府鎮壓。

國並未撤兵，直接在朝鮮掀起**中日戰爭**。清朝的陸軍與海軍都被日軍擊潰之後，在西元1895年被迫與日本簽訂《**馬關條約**》，承認朝鮮獨立，將遼東半島、臺灣、澎湖群島割讓給日本，並支付兩億兩賠款。遼東半島之後因為俄羅斯介入還給清朝（**三國干涉還遼** [10]），但日本仍首次得到海外殖民地。各國原本畏懼清朝是隻「沉睡的獅子」，萬萬沒想到清朝居然被小國的日本打敗，這件事使清朝的積弱不振曝露在各國面前，歐美列強與日本因此變本加厲地侵略中國。

[10] 簡稱三國干涉。企圖侵略中國東北部的俄羅斯與法國、德國一同要求日本歸還遼東半島。日本雖然得到三千萬兩作為賠償，但國內反俄羅斯的情緒卻高漲。

▼中日戰爭中的日軍

©PPS 通信社

非洲大陸的歷史

非洲是一塊被譽為人類誕生之地、擁有漫長歷史的地區。不過，記錄非洲歷史的資料少之又少，難以正確了解。接下來，讓我們來一探究竟。

↑ 現今的非洲大陸　　學研資料課

1 伊斯蘭化之前的非洲

非洲從古代就有各王國建立，發展出各具特色的文明。北部尼羅河上游有繁榮的庫什王國；西南部剛果河有剛果王國；西部尼日河流域有桑海帝國，這些國家都因河川而繁榮，從事金和象牙的交易。

©PPS 通信社

↑ 庫什王國
位於尼羅河上流，最古老的黑人王國。以麥羅埃為繁榮中心。照片中可以看見庫什人獨創的金字塔。他們擁有發達的鐵器。

©PPS 通信社

迦納帝國
（8世紀以前～13世紀）

桑海帝國（15～16世紀）

撒哈拉沙漠

庫什王國
（前10～後4世紀）

希木葉爾王國
（前1～後6世紀）

傑內

卡涅姆-博爾努王國
（9～19世紀）

阿散蒂王國
（17～19世紀）

馬利帝國
（13～15世紀）

穀物海岸　象牙海岸　黃金海岸

達荷美王國
（17～19世紀）

奴隸海岸

阿克蘇姆帝國
（約100～940年）

貝南王國
（13～18世紀）

尼日河流域
自古就形成城市，出產金礦，成為交易中心。

剛果王國
（14～19世紀）

北非
伊斯蘭世界稱為「馬格里布」（日落之地、西方）。

尚比西河流域
因豐富的農作物與金礦而繁榮。

莫諾莫塔帕王國
（約15～19世紀）

馬達加斯加島

非洲東海岸
以輸出象牙的印度洋貿易繁榮。

大西洋

↑ 曾繁榮於非洲的王國

↑ 阿克蘇姆帝國
曾繁榮於現今衣索比亞地區的王國。阿拉伯半島的人們移居此地後，透過金和象牙的交易而繁榮。西元4世紀，國王埃扎納消滅了庫什王國，擴張勢力。照片中可以看見被稱為「方尖碑」的石柱，象徵著王權的強盛。

2 伊斯蘭化後的非洲

經過西元16世紀大航海時代，伊斯蘭勢力在獨立發展的非洲慢慢擴張，並在建設穆斯林作為禮拜的清真寺之後，影響力越來越明顯，出現了因貿易而繁榮的王國。

↑ 傑內的大清真寺

位於現今馬利共和國境內，作為撒哈拉地區的重要貿易城市而繁榮。西元13世紀末，因為國王改信伊斯蘭而建造的清真寺在西元1907年重建，目前已列入世界遺產。

← 桑海帝國的清真寺

大約在西元9世紀擴張勢力的桑海帝國，西元15世紀後半更加強大。照片是首都加奧的清真寺，其中有國王阿斯基亞・穆罕默德的陵墓。

← 大辛巴威遺跡

西元11～18世紀，由東非莫諾莫塔帕王國人民建造的建築物。辛巴威的意思為「石屋」，是非洲境內最大型的石造遺跡之一。因葡萄牙人與穆斯林商人的交易而繁榮。

3 列強瓜分非洲

進入西元1870年代後，歐洲帝國主義時代來臨，英國、法國、荷蘭及其他國家將非洲占領為殖民地（→p.35）。

原本得到最大片殖民地的是法國。英國則以取得資源為重點。能免於被歐洲列強當成殖民地瓜分的，只有衣索比亞與賴比瑞亞。

↑ 西元1914年之前，殖民地化的非洲各國

6 帝國主義與瓜分亞洲、非洲

> 歐美各國在各地爭奪殖民地，後起之秀的德國與英國、法國形成對立。

帝國主義是如何形成的？

1 殖民地競爭與帝國主義

西元1870年代，以美國和歐洲列強為中心的第二次工業革命[!]興起，大型企業與提供巨額資本的銀行聯手獨占市場，列強為了尋求資源供給地與輸出市場，逐步將亞洲與非洲占領為殖民地。歐美列強這一連串的動作就稱為帝國主義[!]。

2 列強之間的落差

進入帝國主義的時代後，列強之間的差距擴大。英國、法國、德國受惠於工業化和資本力的同時，俄羅斯與奧地利正為了國內的民族運動而煩惱，義大利的工業化則遲了一步。在急速工業化之下頓失經濟基礎的多數人民，選擇**移民**至美國或澳洲。德國晚一步參與殖民地競賽，所以為了**重新分配殖民地**與英國、法國形成強烈對立。

用語解說

[!] 第二次工業革命

透過創新的技術使用電力、石油等新動力；鋼鐵、化學工業這類重化學工業也成為產業核心。

[!] 帝國主義

歐美列強侵略世界與搶奪殖民地的行動。除了開發大企業所需的市場，還有企圖透過侵略外國，平息勞工運動與國內不滿的目的。此外，輕視歐洲以外的文化，對有色人種的偏見漸趨強烈，讓侵略全世界變得正當化。

各個列強有哪些行動？

1 歐洲的動向

西元1875年，英國在首相迪斯雷利的主張下，收購蘇伊士運河公司股票（→p.40）強化對埃及的干涉。在國內，約瑟夫・張伯倫♟推動帝國主義政策，將澳洲聯邦與紐西蘭建設成自治殖民地，並於南非戰爭（→p.35）支援塞西爾・羅德斯。西元1900年，集結左翼社會主義改革力量的**工黨**正式成立[*1]，希望透過議

♟ 約瑟夫・張伯倫
（西元 1836 ～ 1914 年）

因反對《愛爾蘭自治法》離開自由黨；在擔任殖民事務的國務大臣（在任期間西元1895～1903年）時推動帝國主義。

[*1] 英國左派政黨不像歐洲各國強調革命，而是以在體制內進行改革為特色，具代表性者如費邊學社。

會改革社會。此外，《**愛爾蘭自治法**》[*2]通過後，在愛爾蘭尋求獨立的新芬黨群起暴動，最後被英國政府軍鎮壓。

▼威廉二世

©PPS 通信社

德國方面，西元1890年皇帝**威廉二世**[▲]迫使俾斯麥辭職，廢除反社會主義法，使社會民主黨的勢力得以伸張。此外，為了對抗英國的3C政策（→p.36），皇帝提倡「**世界政策**」，意在促成以巴格達鐵路，串聯柏林、拜占庭（伊斯坦堡）與巴格達的**3B政策**[*3]。

法國方面，發生了撼動第三共和國的**布朗傑事件**[*4]，激進的工會運動越演越烈。在巴黎，為了實現社會主義高舉反戰和平大旗，西元1889年以德國社會民主黨為核心的**第二國際**[*5]組成。此時，法國社會黨成立，激進的工會運動才停歇。另外，在**德雷福斯事件**[*6]後，頒布了政教分離法[*7]，法國總算得以安定。

② 俄羅斯、美國的動向

俄羅斯方面，**俄羅斯社會民主工黨**（1898年）與**社會革命黨**（1901年）組成，尋求革命的動向漸趨活躍。不過，俄羅斯社會民主工黨被鎮壓，列寧等人的布爾什維克（多數派）與普列漢諾夫等人的孟什維克（少數派）分裂。西元1905年，因為日俄戰爭（見第10卷）戰線拉長，爆發了**血腥星期日事件**[*8]，勞工自治組織**蘇維埃**（評議會）武裝叛變（第一次俄國革命）。皇帝尼古拉二世[*9]被迫改革，宣布設立

[*2] 承認西元1801年合併的愛爾蘭得以自治的法案，雖於西元1914年立案通過，卻因第一次世界大戰暫緩實施。

[*3] 3B就是柏林（Berlin）、拜占庭（Byzantium）、巴格達（Baghdad）三個地名的第一個字母，代表德國侵略中東與印度洋的計畫。

[*4] 西元1887年，主張對德國採取強硬態度，因而獲得聲望的陸軍大臣布朗傑將軍雖被罷免，卻在西元1889年的選舉中獲得勝利。將軍派想趁著這股氣勢打倒共和政府，企圖發動武裝政變，最後卻未能實行。

[*5] 由各國社會主義政黨集結而成的國際組織。目的在反對帝國主義，實現社會主義，卻因第一次世界大戰爆發而瓦解。西元1905年，在第二國際的指導下，法國社會黨成立。

[*6] 西元1894年，猶太裔軍人德雷福斯被懷疑是德國間諜而定罪，事後找到真凶卻遲遲未重審的事件（最終無罪釋放）。這事件證明基督教社會反猶太人主義（歧視猶太人）的思想根深蒂固。

[*7] 基於德雷福斯事件的經驗，排除天主教教會干預政治的法律。

[*8] 對訴求中止日俄戰爭與民主化的市民遊行開炮的事件。

[*9] 羅曼諾夫王朝末代皇帝（在位期間西元1894～1917年）。

國會（杜馬）。西元1906年，**斯托雷平**[10]首相解散**農村公社**（米爾），承認土地私有的自耕農，卻沒有得到預期的效果。

西元19世紀末，美國成為世界第一工業大國，為了侵略海外大聲疾呼帝國主義政策的必要性。**麥金利**[11]總統於西元1898年發動**美西戰爭**[12]後，獲得菲律賓、關島等西班牙殖民地，將古巴納為保護國。西元1899年，國務卿海約翰發表與前進中國有關的**門戶開放宣言**[13]；**西奧多·羅斯福**[14]總統則主張對加勒比海周邊各國實施「大棒政策」，積極介入各國事務，西元1904年開始建設**巴拿馬運河**[15]。

列強如何侵略非洲？

1 英國的3C政策

西元19世紀中葉，經過李文斯頓[16]與史丹利[17]的探險後，列強將注意力鎖定在中非的豐富資源，在剛果地區形成對立。為了調停而召開的柏林會議制定了非洲殖民地化原則。此後，歐洲列強在非洲爭奪殖民地的競爭越演越烈。

英國在阿拉比叛亂之後（→p.14）入侵蘇丹，遭遇到**馬赫迪之亂**[18]，旋即以大軍鎮壓。南非方面，開普殖民地首相塞西爾·羅德斯於西元1899年對波耳人[19]發動**南非戰爭**，英國勝利後，南非聯邦[20]形成。英國實施串聯埃及開羅與

[10] 在位期間西元1906～11年。推動改革，卻沒有得到國民支持，日後被暗殺。

[11] 共和黨出身的第二十五任美國總統（在任期間西元1897～1901年）。

[12] 由美國發動，將古巴與菲律賓兩處西班牙殖民地作為戰場的戰爭。

[13] 在殖民地競爭落後的美國向歐洲各國提出中國權利一律平等的訴求。

[14] 共和黨出身的第二十六任美國總統（在任期間西元1901～09年）。在國內推動政治改革；外交方面，透過軍事力量實行加勒比海政策。曾居中調停日俄戰爭（見第10卷）。

[15] 建於巴拿馬地峽，串聯太平洋與大西洋的運河，西元1914年開通。

[16] 在南非南部探險，發現維多利亞瀑布。雖然行蹤成謎，五年後被史丹利發現。

[17] 前往南非搜救李文斯頓，在西元1871年發現其行蹤。得到比利時國王的支援，在剛果地區探險。

[18] 由自稱馬赫迪（蒙受引導者，救世主之意）的穆罕默德·艾哈邁德主導，在蘇丹進行的反英國武力鬥爭。

[19] 指居住在開普殖民地的荷蘭裔居民，出自英國的蔑稱。

 塞西爾·羅德斯
（西元1853～1902年）

英國企業家、政治家。是世界第一的鑽礦王，曾任開普殖民地首相（在任期間西元1890～96年）。

用語解說

柏林會議

西元1884年，由俾斯麥提議召開的國際會議。會議主要討論如何分配非洲，承認比利時統治剛果河流域的事實。制定了「先占領先擁有」的原則。

開普殖民地的**非洲縱貫計畫**[21]，接著又推動加入印度加爾各答的**3C政策**[22]。

② 法國、德國、義大利的動向

法國推動從突尼西亞橫越撒哈拉地區，連接吉布地與馬達加斯加的**非洲橫貫計畫**。西元1898年，法國在蘇丹與英國發生衝突演變成**法紹達事件**[23]後，法國讓步，雙方於西元1904年達成**英法協議**[24]。

德國占有喀麥隆、納米比亞、坦尚尼亞，與法國對抗的過程中，發生兩次**摩洛哥危機**[25]，最後被英國阻止，摩洛哥於是成為法國的保護國。

義大利雖然占有東部的索馬利亞、厄利垂亞，卻無法成功占領衣索比亞。之後在西元1911年爆發的義土戰爭中，從鄂圖曼帝國手中奪得利比亞。

在列強的爭奪之下，非洲除了**衣索比亞帝國**與**賴比瑞亞共和國**，其餘土地全成為列強的殖民地（→p.32）。

[20] 西元1910年成立的英國自治殖民地。由川斯瓦共和國、奧蘭治自由邦、納塔爾、開普組成。為緩和波耳人與英國人的對立，實施南非種族隔離政策。

[21] 將埃及到開普殖民地南北縱貫方向的非洲地區作為殖民地的計畫。

[22] 計畫串連開羅（Cairo）、開普敦（Capetown）、加爾各答（Calcutta）三處，以便統治印度洋的英國帝國主義政策。

[23] 法軍的橫貫計畫與英軍的縱貫計畫，造成雙方在蘇丹的尼羅河河畔法紹達發生衝突的事件。之後，蘇丹便由英國與埃及共同治理。

[24] 在埃及的英國與在摩洛哥的法國，互相約束自己主張的優先性，藉此對抗德國。

[25] 西元1905年，反對英法協議的德國皇帝威廉二世赴摩洛哥，抗議法國入侵摩洛哥。西元1911年，德國軍艦入駐摩洛哥的阿加迪爾港口，與法軍對抗。

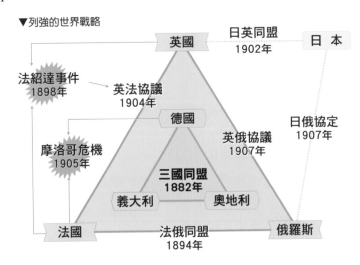

▼列強的世界戰略

其他地區的情況如何？

❶ 列強在太平洋的動向

西元16世紀大航海時代（見第6卷）搶先入侵太平洋地區的國家是西班牙、葡萄牙和荷蘭；到了西元18世紀後，英國也占有一席之地（→p.24）。成為英國殖民地的**澳洲**[26]發現了金礦，**紐西蘭**[27]則出現興盛的牧羊業。不過，隨著移民漸增，**澳洲原住民**與紐西蘭原住民**毛利人**遭到迫害。

西元19世紀後半，法國、德國、美國開始揮軍太平洋地區。法國獲得大溪地、新喀里多尼亞；德國獲得俾斯麥群島、馬里亞納群島等屬於密克羅尼西亞群島的地區；美國則從西班牙奪得**菲律賓**與**關島**（→p.35），並透過戰爭手段吞併**夏威夷**[28]。

❷ 拉丁美洲各國的動向

雖然許多拉丁美洲國家在西元19世紀前半獨立（見第8卷），但都是民族結構複雜、貧富懸殊、政局動盪不安的國家。因此，在英國入侵南美洲，以及美國入侵中美洲與墨西哥後，對這些地區的經濟都造成莫大影響。由於拉丁美洲各國依照歐美需求生產特定產品，例如牛肉（阿根廷）、咖啡（巴西）、砂糖（古巴），所以經濟變得完全仰賴出口。此外，美國定期召開由南北美各國代表出席的**泛美會議**，掌控拉丁美洲的政治與經濟主導權。

墨西哥在美墨戰爭（見第8卷）落敗後，被法國拿破崙三世以武力介入國內政局，但之後憑美國的支援將法國勢力逐出國外。西元1877年，擔任總統的**迪亞斯**[29]雖然開發礦山與推動其他近代化改革，卻慢慢變得獨裁，最後於西元1910年的**墨西哥革命**[30]被流放。這場革命直到西元1917年制定民主憲法之後才結束。

[26] 西元1770年，在東岸探險的庫克發表英國占領澳洲的宣言。西元1788年，澳洲被當成流放罪犯的殖民地；西元1829年，整塊澳洲大陸成為英國的殖民地。西元1851年發現金礦後，大批移民湧入，形成「淘金熱」。據說，在英國殖民之前，澳洲原住民人口約有30～100萬人，之後因遭受迫害而銳減。

[27] 西元1642年，荷蘭探險家塔斯曼抵達紐西蘭。西元1840年，成為英國殖民地後，遭到原住民毛利人頑強抵抗。

[28] 西元1778年，英國海軍上校庫克是第一位抵達夏威夷的歐洲人。西元1795年，卡米哈米哈王朝統一全島，西元1810年建立夏威夷王國。王朝在武裝政變後滅亡，西元1898年成為美國領土。

[29] 西元1830～1915年。麥士蒂索人（白人與原住民的混血），曾任軍人、總統（在任期間西元1877～80、84～1911年）。強化保護地主階級，以及附庸英、美資本。

[30] 自由主義者馬德羅與農民運動家薩帕塔帶領的民主主義革命，流放了擔任總統近三十年的迪亞斯。但革命結束後，軍隊、農民、大地主階級又因為土地改革持續對立。

融為一體的世界

西元1851年，由維多利亞女王的丈夫亞伯特所主持的世界首屆萬國博覽會，在英國倫敦舉辦。這場博覽會不僅展示了英國當時的工業與經濟實力，也象徵當時的世界已融為一體。

↑ 艾菲爾鐵塔
西元1889年，為了巴黎萬國博覽會所建造，由艾菲爾設計。

©PPS 通信社

1　萬國博覽會與融為一體的世界

第一屆倫敦萬國博覽會約有六百萬人前往參觀，在這場盛會中，套裝旅行先驅湯瑪斯・庫克扮演非常重要的角色。他企畫了含有火車票、住宿券、萬國博覽會門票的套裝行程，讓許多人得以到會場參觀，當時清朝也有商人運送絲織品參展。

西元1867年的巴黎萬國博覽會，日本也有參展。江戶商人清水卯三郎推出了日式茶店，吸引許多來賓駐足之外，江戶幕府、薩摩藩、佐賀藩也有參展，獲得高度評價，歐洲方面也因此對日本美術產生興趣，這股影響被稱為「日本主義」。據說，梵谷與莫內等後期印象派畫家，均受到日本主義的影響。此外，西元20世紀初期興起的國際美術運動「新藝術運動」也受到影響。

清朝從同治帝、光緒帝到宣統帝，曾參加四十次以上世界各國舉辦的各項博覽會。西元1876年，美國建國百年在費城舉辦的博覽會，光緒帝正式收到邀請函，並派代表參加，浙江海關文書李圭便是第一位參加博覽會的官員，他回國後寫下《環遊地球新錄》，記錄參展盛況，參展品包括絲織品、茶葉、瓷器等，在各國展品中被推為第一。

↑ 水晶宮
由帕克斯頓設計，以鋼筋和玻璃組成的建築物，是倫敦萬國博覽會的會場。

1851	倫敦	以水晶宮為會場，首次舉辦的萬國博覽會 清朝商人徐榮村送展的「榮記湖絲」榮獲金、銀大獎，英國維多利亞女王賜贈「翼飛美人」獎狀
1855	巴黎	宣揚拿破崙三世的國威
1862	倫敦	日本江戶幕府派遣歐使節前往視察
1867	巴黎	日本（幕府、薩摩藩、佐賀藩）首次參加，日本主義誕生
1873	維也納	日本明治政府官方參加岩倉使節團前往參觀
1876	費城	美國建國一百周年紀念 展示了貝爾的電話 中國第一次派官員參展
1889	巴黎	法國革命一百周年紀念 興建艾菲爾鐵塔
1900	巴黎	展示了以電力驅動的步道 新藝術運動得到眾人注意

↑ 西元19世紀後半主要的萬國博覽會

2 交通發達促成世界融為一體

當時英國擁有發達的鐵路網，透過定期的船班與美洲、亞洲、非洲來往，而如此發達的交通，縮短了各國之間的距離，使得環遊世界的夢想得以實現。

舉例來說，以岩倉具視為全權大使，木戶孝允、伊藤博文、大久保利通為成員的日本使節團，花了一年十個月遊遍美洲與歐洲全境。當時這趟旅程就使用了西元1869年開通的美國大陸橫貫鐵路，以及同年完成的蘇伊士運河。

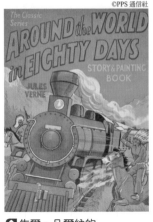

↑ 朱爾·凡爾納的
《環遊世界八十天》

主角以「晚一秒就失去所有財產」的賭注，提出在八十天之內環遊世界一圈的故事。這部小說充分顯示當時的交通多麼發達，環遊世界一圈不再是遙不可及的夢想。

← 岩倉使節團

從左至右分別為木戶孝允、山口尚芳、岩倉具視、伊藤博文、大久保利通。這個使節團約有六十名女性留學生，津田梅子就是其中一員。

個人收藏

3 資訊與通訊發達讓世界融為一體

資訊與通訊的發達，也在縮短世界距離這點上扮演了重要的角色。西元1851年，英國與法國之間的海底電纜鋪設完成，讓通訊進展向前跨出一大步，資訊可於短時間內傳遍各地。發達的鐵道能將印好的報紙迅速送往各地；格雷翰·貝爾設計的電話，也讓人們能夠與遠方取得聯絡。

← 路透
（西元1816～99年）

創辦國際通訊社「路透」的保羅·朱利斯·路透，利用英法海底電纜傳送以電力通訊網路所蒐集的新聞，將資訊當成商品銷售。

← 格雷翰·貝爾
（西元1847～1922年）

西元1892年，貝爾出席紐約、芝加哥之間的電話開通儀式，並親自試播與通話。

©PPS 通信社　　　　©PPS 通信社

蘇伊士運河的開通

連接地中海與紅海，讓歐洲與亞洲得以迅速串聯的蘇伊士運河，在海上交通扮演了非常重要的角色。建造過程中發生了許多艱辛的故事，也產生了許多與運河有關的對立。讓我們一起回顧這段建造歷史。

↑雷賽布
西元1805～94年。法國外交官。為蘇伊士運河的建設盡心盡力。

1 蘇伊士運河的計畫

自古以來就有興建蘇伊士運河的構想。古埃及開闢了一條從尼羅河貫穿紅海再到蘇伊士灣的運河，也有通往印度洋的海運，但隨著王朝衰退，這條運河隨之荒廢。

西元17世紀，德國科學家萊布尼茲，向法國國王路易十四世提出挖掘運河的計畫，但未能實現。拿破崙遠征埃及時，曾討論是否要建造運河，使法國對地中海通往印度洋的新航線開發越來越重視。從拿破崙的構想得到靈感的雷賽布，在西元1854年得到埃及總督薩依德帕夏的建造許可，西元1858年與法國投資家和埃及資金設立了蘇伊士運河公司。另一方面，英國此時開始建造鐵路，所以反對興建蘇伊士運河，不斷阻擾工程進行。西元1869年，運河完工，舉行了竣工典禮，據說法國皇帝拿破崙三世的皇后歐仁妮，對運河的情景甚為感動。

©PPS 通信社

↑運河開通儀式的景況

2 經營權轉讓給英國

西元1870年，埃及的棉花出口不振，財政持續惡化，運河的通關稅收入遲遲未能增長，埃及政府因此決定出售蘇伊士運河公司的股票。得知此事的英國首相迪斯雷利在未經議會許可之下，逕自收購、進而全面控制蘇伊士運河公司。此後，英國更積極地侵略埃及。

國家圖書館出版品預行編目（CIP）資料

NEW全彩漫畫世界歷史．第9卷：列強的
世界殖民與亞洲的民族運動 / 近藤二郎監
修；小坂伊吹漫畫；許郁文翻譯. -- 初版.
-- 新北市：小熊，2017.09
192面；15.5×22.8公分.
ISBN 978-986-95298-0-8 (精裝)
1.世界史　2.文化史　3.漫畫
711　　　　　　　　　　　106013960

全彩漫畫 NEW 世界 World History 歷史 ⑨

列強的世界殖民與亞洲的民族運動

監修／近藤二郎　漫畫／小坂伊吹　翻譯／許郁文　審訂／翁嘉聲

總編輯：鄭如瑤｜文字編輯：蔡凌雯｜顧問：余遠炫（歷史專欄作家）
美術編輯：莊芯媚｜印務經理：黃禮賢｜印務主任：李孟儒

社長：郭重興｜發行人兼出版總監：曾大福
業務平臺總經理：李雪麗｜業務平臺副總經理：李復民
海外業務協理：張鑫峰｜特販業務協理：陳綺瑩｜實體業務經理：林詩富
出版與發行：小熊出版·遠足文化事業股份有限公司
地址：231 新北市新店區民權路 108-2 號 9 樓
電話：02-22181417｜傳真：02-86671851｜客服專線：0800-221029
劃撥帳號：19504465｜戶名：遠足文化事業股份有限公司
E-mail：littlebear@bookrep.com.tw｜Facebook：小熊出版
讀書共和國出版集團客服信箱：service@bookrep.com.tw
讀書共和國出版集團網路書店：http://www.bookrep.com.tw
團體訂購請洽業務部：02-22181417 分機 1132、1520

法律顧問：華洋法律事務所／蘇文生律師
印製：凱林彩印股份有限公司
初版一刷：2017 年 9 月｜初版十七刷：2022 年 5 月
定價：450 元｜ISBN：978-986-95298-0-8

Gakken Manga NEW Sekai no Rekishi 9Kan
Rekkyou no Sekaisyokuminchika to Ajia no Minzokuundou
© Gakken Plus 2016
First published in Japan 2016 by Gakken Plus Co., Ltd., Tokyo
Traditional Chinese translation rights arranged with Gakken Plus Co., Ltd.
through Future View Technology Ltd.

小熊出版官方網頁　　小熊出版讀者回函

世界歷史 對照年表 ②

● 這是一個能讓讀者大致掌握世界歷史脈動及演變的年表。為了能淺顯易懂，在國家與時期部分做了省略整理，並非全部羅列。

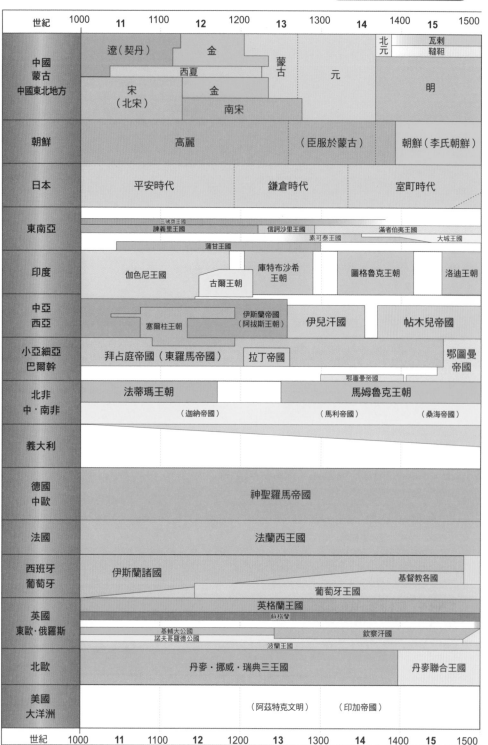

世紀	1000	11	1100	12	1200	13	1300	14	1400	15	1500
中國 蒙古 中國東北地方	遼（契丹） 宋（北宋）		金 西夏 金 南宋			蒙古 	元		北元 	瓦剌 韃靼 明	
朝鮮	高麗						（臣服於蒙古）		朝鮮（李氏朝鮮）		
日本	平安時代					鎌倉時代			室町時代		
東南亞	三佛齊王國 諫義里王國		蒲甘王國			信訶沙里王國 素可泰王國			滿者伯夷王國 大城王國		
印度	伽色尼王國			古爾王朝		庫特布沙希王朝		圖格魯克王朝		洛迪王朝	
中亞 西亞		塞爾柱王朝			伊斯蘭帝國（阿拔斯王朝）		伊兒汗國		帖木兒帝國		
小亞細亞 巴爾幹	拜占庭帝國（東羅馬帝國）				拉丁帝國		鄂圖曼帝國			鄂圖曼帝國	
北非 中・南非	法蒂瑪王朝			（迦納帝國）		馬姆魯克王朝		（馬利帝國）		（桑海帝國）	
義大利											
德國 中歐				神聖羅馬帝國							
法國				法蘭西王國							
西班牙 葡萄牙	伊斯蘭諸國				葡萄牙王國				基督教各國		
英國 東歐・俄羅斯	基輔大公國 諾夫哥羅德公國			波蘭王國	英格蘭王國 蘇格蘭			欽察汗國			
北歐	丹麥・挪威・瑞典三王國								丹麥聯合王國		
美國 大洋洲					（阿茲特克文明）		（印加帝國）				
世紀	1000	11	1100	12	1200	13	1300	14	1400	15	1500